JN408674

사진 100컷과 시 100편이 만난 종합예술의 결정판

사진 백운수 · 시 김순진

박살이 나도 좋을 청춘이여

문학공원

김순진 프로필

경기 포천 출생. 시인, 소설가, 수필가, 아동문학가, 문학평론가.

1984년 시집 『광대이야기』로 작품활동 시작.

중앙대학교 예술대학원 수료

고려대학교 평생교육원 시창작과정 지도교수

계간 <스토리문학> 발행인, 도서출판 문학공원 대표

한국문인협회 이사, 국제펜클럽 한국본부 회원, 한국현대시인협회 이사

한국시문학아카데미 회원, 한국아동문학회 회원, 포천문인협회 회원, 포천예술인농우회 회원

은평문인협회 부회장, 문학공원 동인, 소설동인회 스토리소동 동인

시집 『광대이야기』, 『복어 화석』, 『박살이 나도 좋을 청춘이여』

수필집 『리어카 한 대』, 『껌을 나눠주던 여인』

장편소설 『너, 별똥별 먹어봤니』,

시창작이론서 『좋은 시를 쓰려면』, 『효과적인 시창작법』

평론집 『자아5, 희망5의 적절한 등식』

장편동화 『태양을 삼킨 고래』

편저 『애인』 외 다수

수상 수필춘추 문학대상 수상

가곡 <국수나 한 그릇 하러가세>, <겨울 고향집>, <사랑으로 가는 길>, <제주여 한라여> 등

시비 <박살이나도 좋을 청춘이여>가 보령시 미산면에 세워짐

시·사진집 『박살이 나도 좋을 청춘이여』를 펴내며

김 순 진(시인)

지난해 봄부터 기획하던 책이 이제야 출간되게 되었다. 사진작가로 널리 활동하고 있는 백운수 선생과 사진이 있는 시집을 낸다. 백운수 선생도 큰 의미가 있고 시인인 나로서도 매우 고무적인 일이다. 이번 시집은 사진에다 시를 맞추려고 하다 보니 시의 길이와 이미지가 제한되어 어려움을 겪었다. 그래서 시를 새로 짓거나 이미지에 맞는 시를 찾거나 새로 지어야 했기 때문에 시간이 오래 걸렸다. 사진이라는 지극히 사실적이고 감각적인 작품에 시라는 지극히 모호성과 난해성이 팽배한 작품이 만나 새로운 감동을 선사하기란 쉽지 않은 작업이었다. 그래서 이번에는 일체의 서평이나 서문을 받지 않고 순전히 두 사람만의 작품만을 넣기로 하였다.

가곡을 몇 곡 작사한 적이 있다. 시가 음악과 만나 가곡이 되는 일도 설레는 일이었는데, 이번에는 그 설렘의 광폭이 훨씬 더 크게 진동한다. 사진과 만나게 되니 시로서는 새로운 무대를 얻은 일이고, 사진으로서도 소리와 동영상이 나오는 다양한 채널의 TV효과를 가지게 된 셈이다.

스무 살에 지은 시 「박살이 나도 좋을 청춘이여」를 시·사진집의 제목으로 정한다. 당시 나는 이 시가 주는 의미를 잘 알지 못하고 썼다. 돌이켜보면 나는 박살이 나도 좋다는 각오로 살아왔고 지금 성공했다는 말을 듣는다. 그래서 청소년들에게 귀감이 되었으면 하는 마음으로 시집의 제목을 정하게 되었다.

함께 작업에 참여해주신 백운수 사진작가 선생님에게 진심으로 감사하다는 인사를 전한다. 아울러 백운수 선생의 사진과 필자의 시가 만나는 전시회를 기획하고 있다. 책도 잘 팔리고 전시회도 성황리에 마치게 되길 기도한다.

백운수 프로필

경남 진주 출생, 사진작가
한국사진작가협회 정회원
국제로타리 3750지구 안산제일로타리 회원
디자인스튜디오-길 대표
IMI 국제경영원 문화예술 최고위과정 제1기 수료(전경련부설)
한국크리스토퍼 CEO클럽(안산) 수료
경기카네기 CEO클럽(안산) 수료
한양대학교 이노베이션대학원 최고경영자과정 수료
경기과학기술대학교 G-AMP 최고경영자과정 수료
신안산대학교 사회교육원 최고경영자과정 수료
고려대학교 평생교육원 시창작과정 수료
KASF-2011,2012 부스개인전 참가(SETEC)
뉴욕 베넷 단체전 참가(2011)
한·중수교 20주년 기념 북경단체전 참가(2012)
한국사진작가협회 안산지부 단체전 17회참가(1998~2014)
국토해양미술대전(2015) 입선 및 입상,입선 다수
저서 『꿈을 찾아 떠나는 동유럽 지중해 배낭여행』(공)
『박살이 나도 좋을 청춘이여』

우주는 나로부터

백 운 수(사진작가)

이 세상 모든 생물과 사물들은 자기의 존재 가치를 인정받고 싶어 하는 욕구가 있다. 다시 말해서 자기 자신이 아름답고 멋지게 표현되기를 갈망하고 있다.

사물 하나하나가 소중한 존재이며, 어디서 어떻게 있던 제 각각 자신의 본질을 내 뿜으면서 조화롭게 우주속의 당당한 주인공으로 자리 잡고 있다.

작던 크던 보통의 우리들이 대수롭지 않게 생각하던 그런것들을 오감을 통하여 보고, 느끼고, 생각하면서 아름답게 렌즈에 담고자 하였다.

그런 것 하나하나가 모여, "시"라는 잘 디자인된 옷을 입혀 또 다른 내면의 시각으로 보고자 하였다.

아이디어의 제조기, 표현의 달인, 늘 등불을 밝히시는 계간 스토리문학 발행인이자 저의 스승님이신 고려대학교 평생교육원 시창작과정 김순진 교수님과 함께 이 책을 발간하게 된 것을 큰 영광으로 생각합니다.

이 책이 독자들에게 잘 전달되어 이 세상을 보는 마음과 눈, 생각들이 지금보다 더 따뜻해지기를 그려봅니다.

고맙고 또 고맙습니다.

2015년 5월 27일

CONTENTS

CONTENTS

CONTENTS

박살이 나도 좋을 청춘이여

새는 바가지다

이 세상에서 가장 새것은 새
새털 새다리 새소리 새발자국 새발의피
새는 언제나 새것으로 이루어져 있다

나는 앞일을 걱정하지 않고
뒷일을 후회하지 않으며
오직 기쁨으로 노래하는 새의 가슴을 지니길 원한다

우리가 추구하는 세상은 새 세상
나는 오늘도 즐겁게 노래하는 새를 닮으려고
새 차와 새 집과 새 컴퓨터를 꿈꾸며
새 옷과 새 구두와 새 넥타이로 치장해보지만
주제넘게 새가 되려다
새가 되지 못하고
새는 바가지가 되어간다

닭과 지렁이

닭이 마당가를 지나다가 작은 토굴 속에 들어있는 지렁이를 발견하고
속내를 감추고 군침을 삼키면서 말했어요
오늘은 볕이 좋아 일광욕하기가 좋은 날이군
이리 나와 보게 지렁이군. 꽃향기가 정말 좋단 말이야

그러자 자기를 잡아먹고 싶은 닭의 꿍꿍이속을 잘 알고 있던 지렁이가 대답했죠
나는 조금 전에 일광욕을 하고 들어왔어요
이곳에서 조금만 옆으로 가면 큰 굴이 있을 거예요
그곳에는 지렁이들이 많이 들어 있어요.
우리 지렁이들은 일광욕하기 좋은 날을 잘 모르니 그곳에 가서 알려주시면 고맙겠어요

지렁이의 말에 그곳에 가면 맛있는 지렁이를 실컷 먹을 수 있겠다는 생각으로
닭은 입맛을 다시며 그곳으로 갔어요
그리고 굴을 들여다보며 아주 부드러운 목소리로 이렇게 말했어요.
지렁이들아 이리 나와 봐요 일광욕하기에 너무 좋은 날씨야
순간 굴에 들어있던 구렁이가 나와 닭은 잡아먹히고 말았어요

며느리발톱

병원에 입원하신 아버지의 발을 씻겨드리다가
물끄러미 발가락을 본 적이 있다
새끼발가락 양쪽에는 며느리발톱이 선명했다
두 번째 발가락이 길면 아버지가 먼저 죽는다고 하더니
할아버지는 먼저 돌아가시고 할머니는 백수를 누리셨다
나는 두 번째 발가락이 긴 데도
엄마가 먼저 돌아가시고 아버지는 장수하셨다
며느리발톱이 저리 선명한데도
아버지는 넷씩이나 되는 며느리의 밥을 얻어 잡숫지 못하고 돌아가셨다

3교대로 출근하며 돈 못 버는 남편 덕분에
가정을 꾸려나가야 했던 아내
그 자리가 너무 미안해 아내한테도 아버지한테도
기가 죽어가며 며느리처럼 해온 나를 되돌아본다
아버지의 며느리발톱은
큰아들의 양심발톱이었던 것이다

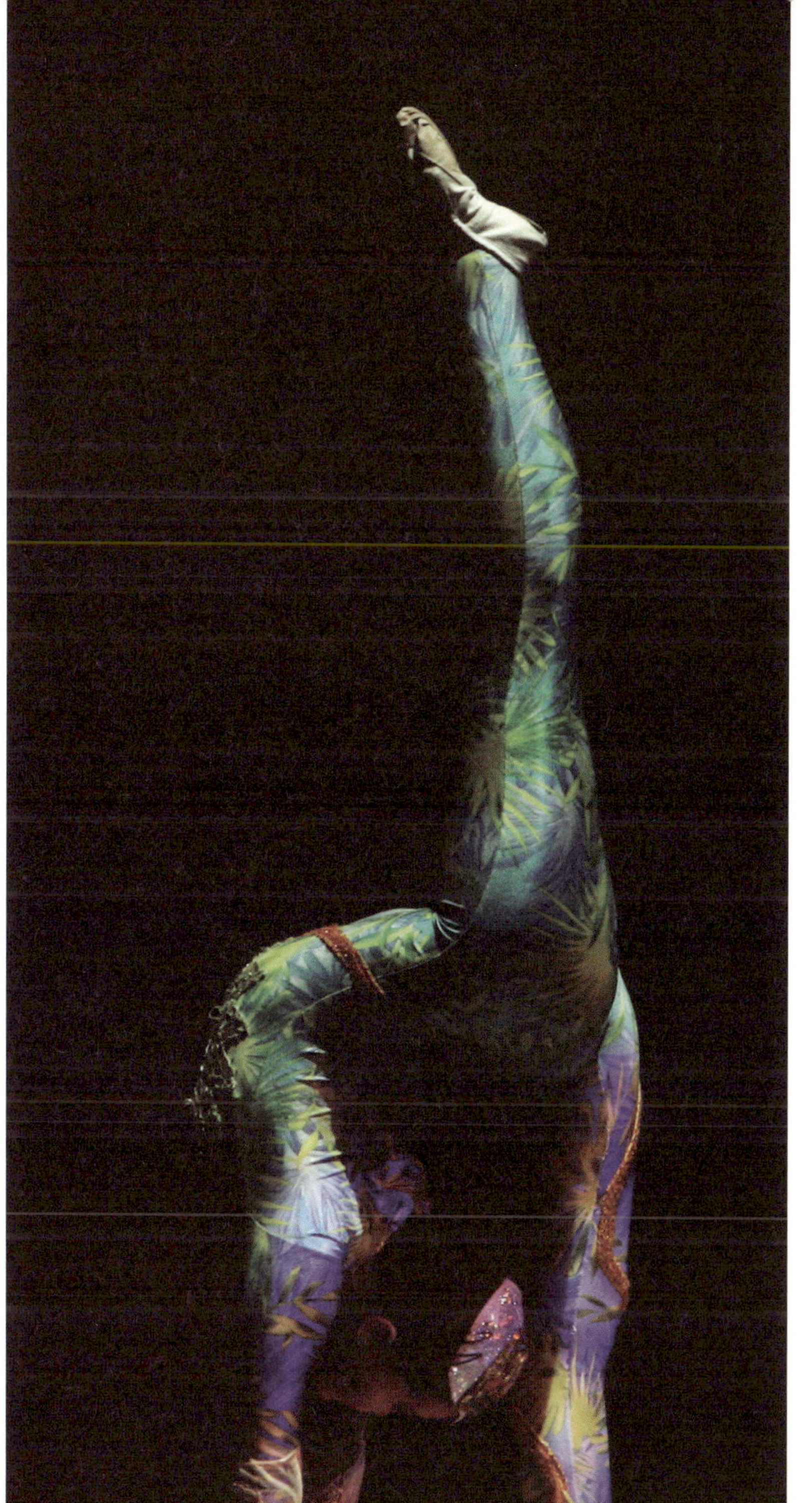

개망초꽃

울 엄니 몸져누운 텃밭에
시름이 거름인지

웬수 같은 개망초꽃
흐드러지게 피었네

꽃따기 놀이
가위 바위 보

허기진 아이들
보리 개떡 먹으러 간다

울 엄니 목숨 거두니
개망초꽃 지네

어린 상제 지팡이처럼
애처럽게 선 개망초 대공들

아직 텃밭은 아이들처럼
엄마 손이 필요한데

0시

오늘을 게걸스럽게 먹은 내일이 다가온다
105암병동 그 남자를 송두리째 먹었고
아이들의 울음소리와 후식으로 태를 먹는 내일이다
발자국을 먹고 팔을 먹으며 목소리를 먹고
귀가 귀를 떼어먹고 입술을 먹은 입술이 다가온다
만삭의 그 여자, 허기진 여자의 발자국을 따라가고 있다
넓고 광활한 휴면의 바다, 정보교환은 이제부터 시작이다
지금 이 시간에도 해바라기는 잠들지 않는다
스스로 시계가 되기 위해 노오란 톱니바퀴로 뜯어먹고 있다
삼사는 삼두성을 하거나 배고프나며 자나 일어나 냉장고를 뒤지지 않는다
잠들어있다는 것은 또 다른 깨어남
눈을 뜨지 않은 것들은 모두 잠들지 않았다
우리는 그리 비싸지 않은 세계일주의 방법을 아직 모른다

그녀가 가만가만 자궁을 연다
어제 그녀가 먹은 것들은 오늘 모두 새롭게 태어날 것이다
63빌딩과 그 주변을 달리는 차량과 바퀴와 소리까지 먹은 그녀
아주 긴 진통으로 스타카토식 출산을 준비한다
어제 한강부위 20여개의 뼈를 발려 살코기서울을 실컷 뜯어먹은 그녀는
오늘은 105암병동 그 남자를 용미리묘지에서 낳을 것이다
일제히 울음을 낳고 돌아와 꾸역꾸역 밥을 처넣을 것이다
작은 그늘이 간식처럼 산을 먹어치우거나 아주 어린 시내가 그 큰 강을 낳듯이
모두 약속이나 한 듯 일제히 뚝딱 새로운 계를 넘어선다
죽음이든 삶이든, 먹다와 낳다의
시작은 고양이발자국처럼 신축적이다

사랑, 그녀에게로 향한

그녀가 나타나자 내 생각들은 순식간에 그녀로 차버렸다
전철을 타도 생각의 터널은 그녀에게로 뚫려 있었고
버스를 타도 생각의 도로는 그녀에게로 엉켜 흘렀다
그녀에게로 가는 길목
빌딩 속에서 수천 명의 그녀가 들어갔다 나왔다 한다
음악을 좋아하는 그녀를 위해 아줌마는 좌판을 펼쳤고
사과 좋아하는 그녀를 위해 트럭은 서울로 서울로 올라오고 있었다
그녀가 좋아하는 꽃은 쉴 새 없이 피어나고
청바지 좋아하는 그녀를 위해 재봉틀은 밤을 새웠다
가끔 알루미늄 소리를 내며 달아나는 야구연습장의 배트 소리가
내가 처음 본 그녀의 목소리처럼 신선하게 들렸다
바람이 분다 그녀가 좋아하는 라일락꽃이 피려나 보다
비가 내렸다 그녀가 좋아하는 가랑비다
눈이 내린다 그녀가 좋아하는 크리스마스가 얼마 남지 않았다
나의 길은 모두 그녀에게 뚫려 있고
좌절의 연속이었던 나는 모든 게 희망적으로 보인다
이제 나는 일기예보를 더 이상 보지도 듣지도 않는다
그녀의 기분이 좋으면 나는 화창하게 맑음
그녀가 조금 흐리면 나는 천둥번개를 동반한 우박이 내린다

구겨진 잠

아침에 일어나 거울을 보니
오른쪽 뺨이 베개에 눌려 구겨진 자국이 선명하다
간밤 꿈에
무슨 드라마를 본 탓인지는 모르겠으나
한 여자를 죽이려고 송곳을 가지고 따라다니다
또 다른 녀석이 망치를 들고 따라와
쫓겨 다녔던 기억이 어렴풋하다
꿈의 텔레비전 채널은
얼른 돌리고 싶어도 돌려지지 않았다
나는 헛손질을 하며 움찔움찔했다
여러 채널을 오가며
동해물과 백두산이 마르고 닳도록
지지직 지지직
지직대던 화면이 얼굴에 전송되었나 보다

여전히 악몽의 화면이 지직거린다

땅

쇠똥두엄 한 바지게 끼얹었더니 땅은 목화웃음을 웃는다
퇴비 매트를 깔아주었더니 비로서 땅은 기지개를 편다
땅은 안다 얼마나 자기를 귀여워하는지를,
호미로 자근자근 쓰다듬으면 파꽃웃음을 웃고
쟁기로 얼레빗질을 해주면 벼이삭 보석땀을 흘린다
그러나 땅은 잔뜩 찌푸린 하늘처럼 복합비료 소나기를 한 포 뿌려대면
아토피성 피부염으로 항거하며
중금속 폐수로 핍박하면
네 자식의 팔뚝을 절단하고 네 손자를 무뇌아로 사투(死鬪)한다
땅은 한 마리 진돗개와 같아서 이뻐하면 꼬리를 흔들며 복종하지만
노여워하면 물어뜯나니 잘 다독인다면
너를 즐겁게 하고 네 가정을 지켜주리라
혹여 살다 속이 뭉그러지고 등이 허전하여 기대고 싶거들랑
돌아와 씨를 뿌리고 앵두나무를 심어라
아무런 조건 없이 당신을 안아주고 버팀의 언덕이 되어
새 희망이 알알이 맺힘을 보리라

가난한 자여

가난한 자여
갓 태어난 아가에게
아무도 가난을 말하지 않느니
우리는 그대를 순수라 부르리
하늘을 덮고 자는 이는 힘든 세상을 원망치 않고
빵 한 조각을 건네는 이에게 진심으로 감사한다
가난한 자의 헤진 일기장엔
한적한 시골 개울의 징검다리 건너 네 잎 클로버 추억이 있으나
배부른 자의 새 일기장엔
받을 자와 줄 자의 이름과 계산이 전깃줄처럼 엉켜 그를 혼동하느니
우리는 배냇저고리 한 벌에 떳떳하였으며
젖병에 담긴 우유 한 통으로 트림하였나니
가난이라는 것은 부끄러움이 아니다
풍요는 부유라는 이름의 산만함이요
자연은 남의 것을 탐하지 않나니
가난은 순수라는 이름의 수고로움이다

사선에 대한 그리움

그 전봇대는 단 한 번의 사선적 행동으로
철거되었다
그 아스팔트 도로는 약간의 수직적 행동으로
복구되었다
사선이라는 것
누가 누구를 업어주거나
누가 누구의 등에 업혀야 한다는 것
나는 가끔 빚을 진 형님에게
이자를 못 갚을 땐 보신탕을 사거나
형수님 좋아하는 과일을 사다 드렸다
내 규모는 10이지만 100에 업히고
때론 100의 욕심을 지니고 10만큼의 능력이 안 될 때
사선이 얼마나 고마운지를 느낀다
나는 수식으로 살면서
수평으로 묻히신 아버지에게 사선으로 기대고 싶다

빈집

지난봄에 돌아가신 이모님댁에 들렀다 집은 잠겨 있고 마당엔 이모님께서 가꾸시던 채송화와 잡초들이 무성했다 이모님은 처음부터 이모작의 명수였다 남들은 서넛 낳던 그 시절 팔남매나 낳으신 이모님은 이모작으로 눈코 뜰 새 없었다 이모작은 소출이 작다는 말은 뜬소문이었다 아들 공무원 시키고 딸들 대학 보내고 모두들 출가시키고 대단한 소출이었다 조카자식까지 드난하던 그 집은 가지에 가지를 쳤다 그 집은 한 번도 빈집이 아니었으므로 이모님은 늘 빈집이었다 이제 이모님 떠나가신 그 집이 잠겨 있다 이모님 계세요, 부르면 순진이 왔구나, 나오실 집이 이모님으로 잠겨져있다 이모님 안 계신 이모네 집은 이제 이모작이 더욱 빈번해질 것이다 화단 채송화는 겨울에도 피어나고 앞밭의 부추는 대나무처럼 길 것이다 빈집은 빈집을 먹고 자라나 달을 따낼 것이다

내 안의 이모님은 달처럼 휘영하고 내 입에 이모님은 빈집의 자물쇠가 될 것이다
빈집에 마음을 두고 돌아 나오는 길 내 가슴에 이모님이 이사를 오셨다
이제 이모님은 내 집에 자주 들러 안부를 물을 것이다
너무나 일찍 엄마를 잃은 나의 집은 빈집이 되고
이제 나는 이모가 계시지 않는 이모네 집에 산다

맹구의 구구단

2 X 2 = 빼
2 X 4 = 짐센터
2 X 8 = 청춘
2 X 9 = 아나
3 X 1 = 절
3 X 3 = 해
3 X 5 = 해요
3 X 8 = 선
4 X 1 = 구
4 X 2 = 좋아
4 X 9 = 보자
5 X 1 = 팔
5 X 2 = 팩
6 X 4 = 생도
6 X 3 = 빌딩
7 X 2 = 예뻐
7 X 7 = 맞어
8 X 8 = 뛴다
9 X 0 = 탄
9 X 2 = 좋아
9 X 4 = 일생

생일

나도 모르게 스마트폰 위에
책을 올려놓았더니 알 수 없는 문자들이 찍혔다

우린 가끔
ㅅㄱ ㄱㄱㅈㄱㄴ기기ㅣ식게ㄱㅅㅣㅣㄱ?ㅣㅣㅣㄱㄱㅣㅣㅣㄱㅅ기ㅣㅣㅣ시ㅣㄴ기긱ㅣㅅ긱?ㅅ긱ㄱㄴ킷ㅋㅅㄱㅣ긴ㄱㅅ기시ㅣㄱㅅ?깃ㄱㅎㄲㅆㄱㅎㄱㄴㅅㄱㅅㄴㄱㅎㄴㅅ?ㅅ?ㄱㅅㄱ석ㅅㄱ씨시ㅣㄱ식?ㄴㄱㅅㄱ싰ㄱㅎ?싟ㅅㅋㅎㄴ식?ㄱㅅㄴㅅㅋㅆㄱㅅㅎㄱㅅㄱㅅㄱ?ㄱㅅㅅㄱㄴㅅㄱ씻?ㅅㅋㅎㄱㅅ?ㅣㅅㄱㅎㄱㄴㄱㅅㄱㅅㄹㅅㄱ?ㅅㄱㄴㅣㄴㄱㅅㄱㅋㄴㄱㅅㄱㄱㅅㄱㅅㄱㅎㅋ?ㄱ식ㅅㅣ긱ㄱㅋㄴㄱㅅㄱㅅ닛ㄱㅎㄱㅎㅣ킶ㅣㄱㅅㄴㅅ긱ㅋㄱㄱㅅㅅㄱㄴㄱㅅㄱ?ㅣㄱㅅ?ㄴㄱ?ㅅㄱ?ㄱㅅ?ㅅㅋㅅㄱㅅㄱ섟ㄱㄱ?ㄱㄴㅅㄴㄱㄴㄱㅅㄴㄱㅅ?ㅎㄱㄴㅅㄱㅅㄱㄴ?ㄱㅅㄱㅅㄱㄴㄴㄱ처럼
키보드를 잘못 누를 때가 있다

나는 사는 게 너무 어려워
그날 밤 아버지가
엄마를 잘못 눌렀는지 모른다는 원망을 했었다
그런데 살다보니 암호 같은 날들이
꽃으로 피어난다는 걸 알게 되었다

허씨 조아

혀 짧은 사람과 다리 긴 사람이 긴 다리를 건너가고 있다
다이가 짜이브 사야마구 다이가 기이 사야미
아주 기이 다이으 거여가야구하므
다이 짜이브 사야믄 다이가 기이 사야므 따야서 마구 뛰어가야 해
왜냐하므 다이가 기니까 기이 다이오 빠이 거야가므
금세 기이 다이으 거여가쑤 이찌마
짜이브 다이오 기이 다이으 거여가가야고 하므
다이 기이 사야므 다이 짜이븐 사야므 아주 오애 기다여야 하자나
차가 빠이 다일 때에으 기이 다이보야
다이 짜이브 사야미 허씨 조아
다이 짜이브 사야므 다이위요 거여가수도 이찌마
다이 기이 사야미 다이위요 거여가야고 하므 바야미 부여서 떠여지수도 이셔
그애서 다이 기이 사야므 빠이 가수도 이께지마
다이 기이다고 자야하꺼 하야두 어써
다이 기이다고 자야하다가 바야메 쓰여지수도 이쓰니까

우이 이 다이 위에서 누가 더 머이가나 씨아팔래
야, 이제보이 그 다이으 내가 허씨 크구나

단풍놀이 가는 이유

어이 김 씨 가을걷이 끝내고 단풍놀이 갑시다
여보 우리 딸애 수능 끝나면 단풍놀이가요
부장님 영업실적도 늘었는데 단풍놀이 안 가나요
선생님 중간고사 끝났으니 서오릉으로 단풍 보러가요
놀러가자 하는 걸 보니 이루고도 허전함은 어쩔 수 없나 보다
그러나 아무리 사과가 예쁘게 열렸어도
아무리 곡식이 노랗게 잘 익었어도
사과나 누런 벌판을 구경하러 가자는 사람은 없었다

사과밭과 누런 벌판에서는
돈이 나오는 일이건만
그곳은 경유지지 목적지가 아니야
우리의 목적은 오직 빈손으로 돌아가는 일
단풍나무는 그 많은 손으로도 아무것도 취하지 않고
빈손이 되어 진정한 비움을 이룰 때
비로소 다시 태어날 수 있다며
얼큰하게 춤추는 단풍에게 배우러 배낭을 멘다

P

나는 샤갈

나는 도시 위에서 서구적이다
나의 가운데에는 센트럴파크가 있고
위쪽에는 맑은, 아니 다소 오염되나 푸른 호수가 있다
그 호숫가 곁으로는 숲이 있고 나는 가끔 샘물이 나오기도 한다

나는 가끔 소를 꿈꾼다
나는 소에게 꽃을 바쳤고 소는 나에게 초원을 바쳤으나
우리 둘은 서로 받지 아니하고 눈만 커졌다
나는 어둠으로부터 나왔고
그는 초원으로부터 나왔다

나는 모자이크 전문가였다
나는 모든 추억이나 미래를 모자이크처리했다
"있잖아요 제가 그리려고 그린 건 아닌데요"
나의 그림에서는 헬륨가스가 새어나온다

시인은 가끔 눕거나 영원히 눕지만
내 시는 결코 눕지 않을 것이다

달의 아이

이혼한 딸의 아이를 데리고 할머니가 어디론가 향하고 있다
잠자코 가던 손자가 물었다

할머니, 나 어저께 달 봤다
우와, 어떻게 생겼어
응, 좀 뚱뚱했어 근데 달은 여자야 남자야
말문이 막힌 할머니는 한참을 생각하더니
응, 여자야 아기 배서 그래
아하, 그래서 뚱뚱했구나

그럼 아빠 달은 어디 있어
응, 아빠 달은 일하러 갔지
그럼 달 아빠는 밤에만 일해
응 바빠서 그래
우리 아빠도 안 오는 거 보니까
달의 아빠랑 같은 데서 일하나 보다

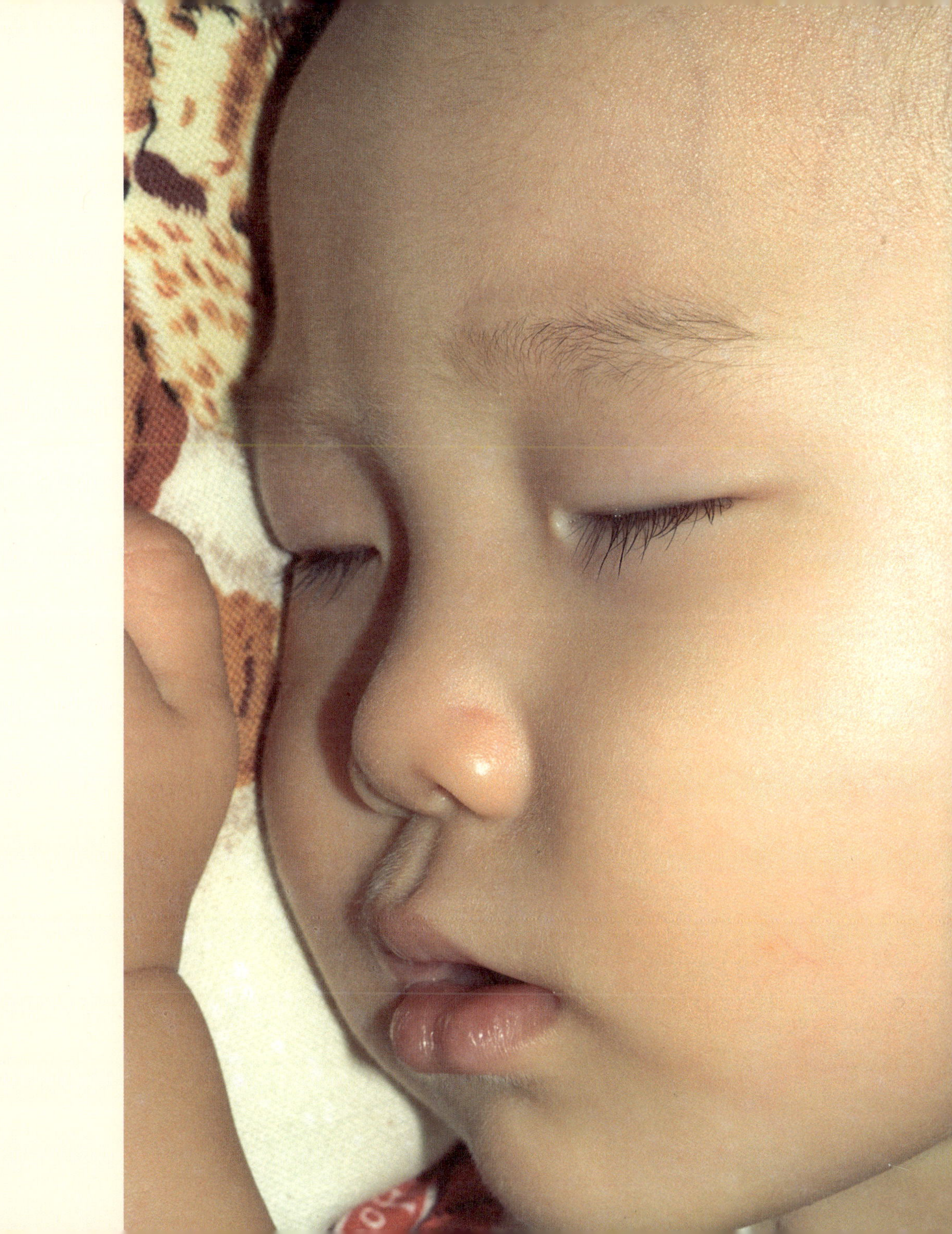

NCSI

단지 그 이유만으로

지인이 새 아파트단지로 이사했다는 소리를 들었다
늘 빈둥거리던 그가 새 아파트를 샀다는 것이 믿기지 않았다
아내는 집들이를 가자고 졸랐다
아파트단지에는 정원이 잘 정돈되어 있고
항아리, 질그릇 따위의 단지는 볼 수 없었다
나는 단지 내 슈퍼에 들러 슈퍼타이나 휴지 한 타래를 사주려 했다
아내는 요즘 집들이 선물로 그런 걸 누가 사느냐며
그냥 돈으로 십만 원을 주라고 했다
만 원짜리 하나 사면되는데 십만 원을 주라니
내장단지가 심하게 뒤틀림을 느꼈다
전화를 하자 집 산 사람은 제 집으로 들이지 않고
단지 앞 상가 식당으로 우리를 불렀다
나는 하는 수 없이 돼지갈비 몇 점에 소주를 얻어 마시고
십만 원을 부조했다
아내는 집 구경을 가자고 했으나
집도 없는 놈이 십만 원씩 빼앗긴 게 약이 올라
단지 바쁘다는 이유로 아파트단지를 빠져나왔다
아파트단지 앞의 한 꽃집
주둥이가 깨진 단지에는 마가렛 꽃이 입을 가리며 웃고 있었다

글을 쓰는 이유

아무것도 알아차리지 못한 내가
아무것도 해놓은 것 없는 내가
아무것도 할 줄 모르는 내가
그런 내가
이제 와서 내가
이제라도 내가
천륜을 거역하지 않고
목숨을 부지하는 것은 하늘에 대한 최소한의 예의라
그런 내가 누구를 나무라고 누구를 평가하리
특별한 깨달음이 없을 지라도
글줄나부랭이라도 끼적거리는 일은
인간으로 태어난 최소한의 예의
이제 내가 해야 할 마지막 일은
나를 채찍질해서
남에게 누가 되지 않도록
내 몸이라도 추스를 수밖에

물 한 마리

청계천물 한 마리가 유유히 헤엄치고 있다
물 한 마리 뱃속에는 잉어 한 마리 붕어 한 마리 피라미 한 마리 미꾸라지 한 마리
수없이 많은 한 마리들이 각자 한 마리 한 마리 살고 있다
한강물 한 마리가 청계천물 한 마리를 잡아먹고 웃는다
한강물 한 마리는 불광천물 한 마리와 중랑천물 한 마리를 잡아먹고 나오는 중이다
청계천물 한 마리가 죽고 싶은지 한강물 한 마리의 꼬리를 물고 늘어진다
인왕산물 한 마리도 신설동하수구물 한 마리도 청계천물 한 마리의 꼬리를 물고 늘어진다
가뭄에 사는 겨우물 한 마리는
장마 때 사는 너무물 한 마리와 엄청물 한 마리를 무서워하지 않는다
나는 청계천물 한 마리를 물끄러미 바라보다가
물에 꿰어지고 싶어 물에 들어가 청계천물 한 마리를 밟고
기어이 물 한 마리가 된다
청계천물 한 마리는 토사곽란 같은 물 한 마리다
청계천물 한 마리는 아이들 경기 같은 물 한 마리다

그 물 한 마리가 유유히 지느러미를 움직인다
저 가면의 정사 같은 물 한 마리는 언제까지나 돈으로 흐를 것인가
저 거짓뿌렁이 물 한 마리

빚과 빛

지하철 계단에서 걸인이 구걸을 하고 있다
계단을 오르다말고 나는 뒤가 켕기는 나는
되돌아가 천 원짜리 한 장을 던져준다
나는 걸인을 만날 때마다 조금이나마 적선을 해왔다
그래야만 뒤가 가렵지 않는다고 생각했다
넥타이를 맨 나는 어느 날 문득 내 가방 속을 뒤지다
카드연체 독촉장과 자동차세 면허서 간행물면허세 등
이백만원이 넘는 고지서를 안고 끌탕하며 사는 나를 보았다
나는 사장인 척 넥타이를 맨 채 빚 사이로 걸어 다니는 걸인이었고
그는 다만 빛이 들어오지 않는 지하철 계단에서
빚 한 푼 없이 가게를 차리고 앉아서 돈을 버는 사장이었다

빚은 빛이 많은 사람의 어깨를 펴게 하지만
빛을 모르는 사람은 빚이 없어도 주저앉게 된다

엄마를 우량아로 기르는 방법

엄마는 4월 20에 태어나서
8월 24일에 돌아가셨다
그러니까 8월에 죽은 엄마를 만나기 위해서
8개월만 기다리면 된다
그러면 엄마는 4월에 다시 태어날 테고
8월까지 4개월 동안 나는 엄마와 행복하게 살 것이다
함께 살 수 있는 날이 고작 4개월이지만
날마다 엄마랑 함께 살 것을 생각하니 너무나 행복해진다
그리고 또다시 엄마가 죽으면
남은 8개월 동안은 잠이 많은 듯 망각하고 살면 되겠지
엄마가 태어나면 엄마가 내게 그랬던 것처럼
나는 개구리를 잡아 암죽을 쒀 먹이면서
어린 엄마를 우량아로 기를 테야
그리고 8월에 엄마가 죽으면
엄마가 들에 김매러 간 걸 모르는 척 딴청을 피워야지
뭐 8개월만 있으면 엄마가 태어나니까
지금은 5월 스무하루
벌써 엄마가 태어난 지 한 달이나 지났네
날마다 나에게 기쁨을 주며
엄마가 우량아처럼 자라고 있다

기둥論

어릴 적, 어머니는 나를 볼 때마다
우리 집의 기둥이라며 기뻐하셨다
기둥은 천천히 자라고
처마는 빨리 자란다
풀은 천천히 자라고
동산은 빨리 자란다
마당은 더디 자라고
손님은 자꾸만 자란다
집은 천천히 자라고
울타리는 빨리 자란다

조금 자라났다가 도로 줄어들고 있는 나를
기둥이라고 생각하는 사람들이에게 감사한다
기둥은 자라지 않는다
다만 환경에 견딜 뿐이다

나무들의 연산법

해거름에 주목나무 정자를 창문으로 가만히 바라보고 있자니
수십 마리 참새가 잠을 자러 들고
나무는 간지럽다는 말을 참새의 언어로 한다
1 + 참새 수십 마리 = 하나

화장실 옆 개복숭아나무에는 수백 개의 개복숭아가 열렸다
퍼런 것도 몸에 좋다며 모두들 탐을 내
어느 날 아버지는 몽땅 따고 말았다
하나 - 개복숭아 수백 개 = 하나

30년 전 심은 은행나무 꼿꼿한 작은 1자로 심어 가지를 치면서
작은 1 + 작은 1 + 작은 1 = 큰 1
너무 자라 가지치기 하면서
큰 일 - 작은 1 - 작은 1 = 큰 1

비바람이 불어도 눈보라가 몰아쳐도
큰일 날 것 없는 나무들의 연산법
큰 나무도 작은 나무도
모두 웃음꽃을 피운다

해는

해는 연기 없이 타는 줄 아니
낮 동안 그을린 하늘은 까만 밤이 되고

해는 소리 없이 타는 줄 아니
마른하늘에 천둥이 치고

해는 눈물 없이 타는 줄 아니
깊은 슬픔 마침내 소나기 뿌리고

해는 날마다 신나게 타는 줄 아니
시큰둥 타다가 겨울이 되고

해는 스스로 타는 줄 아니
기를 뽑아 때기에 사람들은 늙어가고

해는 막무가내 타는 줄 아니
조심조심 불 피워 새싹을 틔우고,

표류하다

꾼돈 백만 원을 제때에 못 갚는다는 이유로
동기간처럼 지내던 형수에게 모욕을 당했다
너무나 속이 상해 죽고 싶었다
잔뜩 술을 마시고 어항을 들이받았다
그 많던 어항의 물이 쏟아져 나왔다

순간 식인상어 한 마리가 다가와 내 귀를 물어뜯었다
핏물이 배어든 바다
거대한 풍랑이 나를 덮쳤다

위용위용 위용위용 얼마 후
구조선 한 척이 사이렌을 울리며 다가왔다
나는 난파선에서 떨어져 나와
널빤지 한 장에 매달리다 정신을 잃었다

나는 낯선 갑판 위에 눕혀졌다
다른 배 선장으로 보이는 사람이 내게 묻는다
어떻게 하다 그러셨어요

아무 말도 들리지 않는다
갈매기만 날고 있다
누군가 낚싯줄로 찢어진 귀를 꿰매고 있다
멀리 파도소리와 함께 이명이 들린다

나는 그 폭풍우가 몰아치는 침몰사고에서 살아남았고
돈을 꾸어주었던 그 서정재 형은 결국 인연의 바다에서 떠나갔다

물길

길을 보아라
쏜살같이 달려와 드러눕는 저 길
무서울 텐데 조금의 거리낌도 없이 뛰어내리는 길
낙차가 클수록 하얗게 웃는 길
순하디 순하게 순종하는 길
페달을 밟지 않아도 저절로 아래로만 내려가는 길
브레이크를 밟지 않아도 생로병사를 감내하는 길
천 번을 만나도 서로 안아주는 길
큰 구덩이는 많이 채워 저수지를 만들어주는 길
작은 구덩이는 작게 채워 웅덩이를 만들어주는 길
흩어진 듯 모여서 물고기를 키우는 길
새벽이면 풀잎에 매달려 대롱거리는 길
여름이면 꽃잎에 매달려 열매 맺게 하는 길
나무껍질 사이로 길을 낸 그 푸르른 길
견디고 견뎌서 단단한 바위를 만들어주는 길
참고 참아서 곡식을 익혀주는 길

힘을 쓰면 더 큰 힘을 생겨나 우주만물을 순환시키는
세상에서 가장 아름다운 길을 보아라

오리들의 계산법

오리 +오리 + 오리 + 오리 = 거위 아님
오리 +오리 + 오리 + 오리 = 백조 아님
오리 +오리 + 오리 + 오리 = 이십 리 아님
오리 +나무 + 오리 + 나무 = 오리나무 아님

오리 +오리 + 오리 + 오리 = 사랑이 오리
오리 +오리 + 오리 + 오리 = 행복이 오리
오리 +오리 + 오리 + 오리 = 근심은 가고
오리 +나무 + 오리 + 나무 = 오리나무

오리나무 그늘이 있는 호수에서
한가로이 시를 읊으리

카메라의 각도

참 이상하다
지난번엔 턱을 좁혀놓더니
이번엔 고맙게도 이마를 넓혀놓는다
가끔 싸가지 없는 그 여자를 짜리몽땅하게 줄여놓거나
그 정 헤픈 숏다리 여자를 롱다리로 늘려놓는다
그래도 그가 제일 잘하는 일은 눈 질끈 감기기
잘생기거나 정이 많을수록 눈을 잘 감기는 그는
보이지 않는 마음까지도 잘 보는 눈을 가졌나 보다
그날 기분이 좋은지 안 좋은지 대번에 알아차린다
나는 그를 자주 만나지만 무뚝뚝한 그는 나를 기억하지 못하고
김치 치즈 각국의 언어로 내게 웃어주기를 요구한다
그래도 그와 함께 멀리 여행이라도 가는 날이면
나는 그간의 피로를 잊고 상쾌함에 빠져
룰루랄라 휘파람을 불곤 한다

삵 삯 싹

어릴 적 삵이 마을로 내려와
닭을 모두 잡아먹은 적이 있다
어둠 속에서 본 삵은 눈에 불을 켜고
입에는 닭의 피가 흥건히 묻어있었다

지금껏 사글세에서 헤어 나오지 못하고 있다
결혼할 때 빌린 융자금을 수십 년 갚아오면서
계속해서 사글세 삯을 주어야만 했고
지금도 사무실 삯을 주는 날이 오면
주인은 삵처럼 살금살금 문자를 해댄다

삵과 삯은 모두 싹에서 비롯된다
푸른 싹에 숨어사는 삵
삯으로 연명하는 싹 같은 서민들
모든 싹이 파랗게 되기를

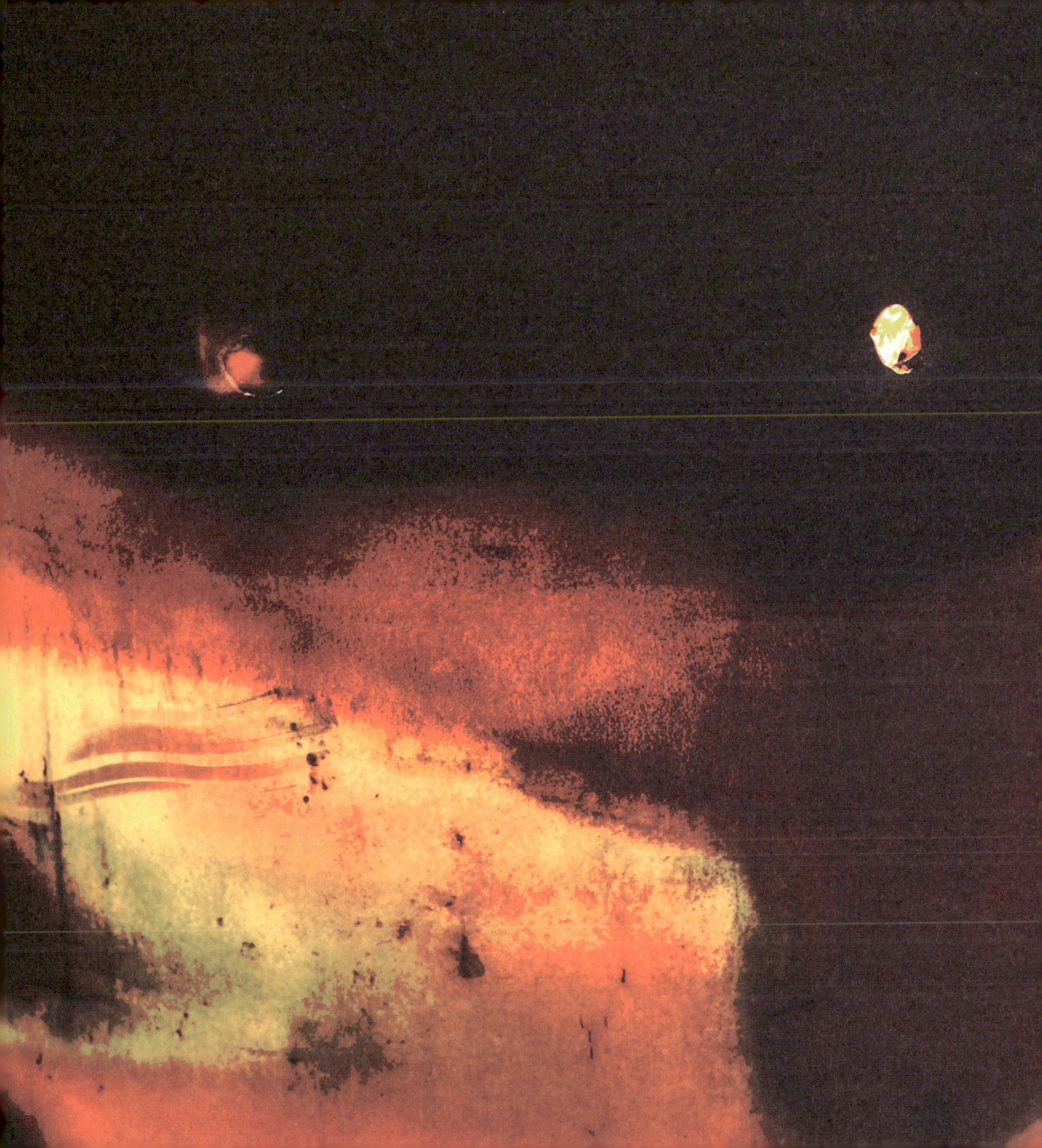

거울 깨뜨리기

당신 앞에서 숨으려
깨뜨렸더니
내 몸 수천으로 살아납니다

당신 영상 희미해지기에
깨뜨렸더니
천지사방 당신 빛 비춰옵니다

보고픈 맘 잊으려
깨뜨렸더니
사랑만 산산이 부서집니다

그리움이 너무 커
깨뜨렸더니
당신은 미움으로 찔러옵니다

낙조 · 1

땅거미 지고
오손도손 모인 초가들의 굴뚝
연기꽃 핀다

개 짖는 소리
저물어 찾는 나그넨가

아닐 게야
먼동 틀 때 네디 맨 목디랭이
외양으로 들여 맬 때
뒤꿈치 따라오며
짖는 소릴 게야

千佛殿

구멍

어제 구멍에서 나와 오늘 구멍을 시작한 나는
목구멍을 채우며 삶구멍을 메워야 한다 그래서 나는
문구멍에서 나와 골목구멍을 지나 6호선 전철을 타려고
응암동 길구멍으로 걷는다
오늘따라 하늘구멍을 들여놓은 불광천구멍은 더 파랗게 뚫렸다
버스구멍으로 들어갔다가 전철구멍으로 들어갔다
다시 일구멍으로 들어온 나는
가끔 컴퓨터구멍을 들여보다가 음란구멍에 빠진다
이내 후드득 정신구멍을 추슬러
목구멍을 채우고 잠시 낮잠구멍에 빠지면
유년의 구멍이 꿈 구멍 속에서 나오고
낮잠구멍에서 일어난 나는 눈구멍을 비비고
전화구멍에 대고 입구멍을 맞춘다

거미에 관한 몇 가지 상상

거미는 전생에 무사였을 것이다
무시무시한 검을 들고
적진을 향해 달려드는 포효가 들리는 듯하다
거미는 전생에 호랑이였을 것이다
하늘을 날 듯 집채 같은 바위를 뛰어넘으며
노루며 멧돼지를 사냥했을 것이다
제 몸에 호랑이무늬를 새긴 것을 보면 안다
거미는 전생에 목수였을 것이다
햇빛을 잘라 기둥으로 쓰며
하늘에 한 치 오차 없이 집을 짓는 걸 보면 안다
거미는 전생에 서커스단 단원이었을 것이다
그 측량할 수 없는 공중에서
조금의 두려움도 없이 거꾸로 내려오는 숙련된 곡예
그런데 거미가 그 많은 재주를 가지고도
어찌하여 숲에 숨어사는 신세가 되었을까
거미는 전생에 재산을 모두 탕진한 빚쟁이였을 런지 모른다
불한당처럼 평생 놀고먹는 팔자였던 그가
입에 거미줄을 치기 위해 잠도 설친 채

덫을 놓고 기다리는 걸 보면
어쩐지 측은한 생각이 든다

나도 글 하나 써 덫을 놓고 독자를 기다리는 중이니
어쩌면 나는 전생에 한 마리 거미였을 것이다

마귀와 사탄

1.
평생 숙제를 해오지 않은 까마귀들
남아서 청소하고 가라는 선생님 말씀대로
깨끗이 청소하기 위하여
얼어 죽고 있는 사람을 기다리고 있다

2.
까마귀는 마귀일까
긴밍증이 심해 질 잊이버리는 사림은 사단일까
사마귀도 마귀일까
어린 시절 손등에 사마귀가 덕지덕지하던 나는 사탄이었을까

3.
사탕은 이를 썩게 하고 당뇨를 유발하니 사탄
재미있는 영화의 2,3탄은 그런대로 볼만한데
4탄은 맛없는 사탕,
돈만 뺏어가는 사탄

염소가 되다

염소는 하루를 들이받는 일로 소일한다
구름을 들이받고
잠자리를 들이받고
심심한 오후를 들이받는다
그리고는 혼자
매에헤 매에에 웃는다
자기가 들이받은 코스모스와 개망초는
고개를 저으며 더 크게 웃는다
아무리 들이받으려 해도 받히는 것이 없는 염소 앞에서
환경을 들이받고
직장을 들이받고
스스로를 들이받아
제풀에 지치며 마음에 상처를 냈던 지난시절을 생각한다
받는다는 것은 준다는 것
아무런 대가 없이 구름과 들꽃과 바람과 순수를
끊임없이 보내온 데 대한 감사함에

지붕

풍경처럼 흔들릴지라도
이상을 높이 가지려네
삶의 울타리를 벗어나지 않으려네
맑은 날만을 기대할 수야 있나
울어야 할 때 눈물이 나오지 않는 것처럼
계면쩍은 일이 없지

장마 같은 슬픔이 와도 뽀송히 살며
석 달 열흘 가뭄에도 눈 촉촉이 적시며 살겠네
늘 먼 곳을 바라보며 살겠네
옷매무새를 단정히 살겠네
누구든 따스하게 품어주겠네

부자거나 가난하거나
같은 하늘 쓰고 살긴 매한가지
내 꿈은 고래실 같은 기와집이 아니라
초가삼간이라도 굵은 눈발 견디며
뜰안 가득 봄을 들여놓는 일이지

들판

소나무들 참나무들 백양나무들 자작나무들 미루나무들 밤나무들 복숭아나무들 버드나무들
바랭이들 삑삐기풀들 방가지똥들 민들레들 냉이들 개망초들 쇠비름들 명아주들 쇠뜨기들
포천들 가평들 연천들 동두천들 파주들 양평들 양주들 남양주들 용인들 여주들 이천들 화성들
미꾸라지들 붕어들 가물치들 피라미들 불거지들 중태기들 붕어들 쏘가리들 통가리들 송어들
배추들 무들 오이들 파들 양파들 고추들 피망들 양배추들 순무들 달랑무들 치커리들 상추들
벼들 보리들 밀들 콩들 조들 수수들 귀리들 수수들 참깨들 들깨들 팥들 강낭콩들 옥수수들
참새들 비둘기들 새매들 꿩들 멧새들 왜가리들 두루미들 찌빠귀들 십자매들 부엉이들 올배미들
현무암들 화강암들 유문암들 반려암들 역암들 사암들 이암들 석회암들
사과들 배들 복숭아들 참외들 수박들 자두들 대추들 밤들 감들 살구들

그 들판을 오가는
김씨들 이씨들 최씨들 박씨들 정씨들 한씨들 류씨들 구씨들 천씨들 채씨들 권씨들 나씨들
아줌마들 아저씨들 할아버지들 할머니들 소년들 소녀들 아이들 어른들 처녀들 총각들

그렇게 자라나는 수많은 꿈들

시인의 언어

- 장에 가는 길

엄마를 따라 오일장에 갑니다
악수하는 그림의 미군 구호품 밀가루 자루에
붉은 팥 두 말을 담아 머리에 이신
엄마를 따라 십릿길 장에 갑니다

가을걷이가 끝난 들판엔 볏그루 움튼 싹 파랗고
비포장 신작로가 깡마른 코스모스 대공 까서
입에 넣고 쫀득이하며 따라 가는 길
나무 전봇대 성큼성큼 따라옵니다

엄마! 제가 메고 갈게요.
엄마가 안쓰러워 몇 번이나 졸랐더니
그래라, 우리 아들 얼마나 자랐나 보자
팥자루를 넘겨 주십니다

우쭐한 마음으로 팥자루를 어깨에 얼러 메는데
병기 수입포 누덕누덕 덧 꿰맨 자리
무명실이 양잿물 빨래에 삭아
지고 말았지 뭐예요

붉은 팥 한 알에 종기, 붉은 팥 한 알에 부스럼,
붉은 팥 한 알에 허기, 붉은 팥 한 알에 허깨비,
붉은 팥 한 알에 가난…
그 나머지는 모두 사랑이지요

내 다우다 잠바를 벗어
모래밭 신작로에 흩어진 팥을 주워 담습니다
그 때 주운 붉은 팥을 액땜으로
이만큼의 언어들을 줍고 삽니다

늦모 내는 날

불볕더위다
고춧대 시들시들하다
아직 삼복더위는 멀었는데
풀들이 웃자라 개울가에 말뚝을 박고 소를 내다 맨다
그 가뭄에도 아이들은 벌써 개울을 막고 멱을 감기 시작했다
어제 망종 지난 오늘은 늦모 내는 날
어머니는 밑둥 든 하지감자를 골라 캐
고추장볶음을 해 이고 뒷둔지 논으로 나오셨다
아버지는 막걸리 잔을 기울이며 손등으로 입을 훔치신다
할미새 새끼 벌써 많이 자라 꽁지깃이 길다
해거름에 메꽃이 시들하다
아이들이 막아놓은 개울물엔 물고기가 뛴다
이른 모를 낸 윗집 논은 벌써 부평초 뻗어 그득한데

귓속말

야쿠르트 대리점 옆 담장에
담장이넝쿨 맹렬히 오르고 있다
그 옆 전봇대엔 나팔꽃 한 줄기 휘감아 오르고 있다
전깃줄 전홧줄이 어지럽게 걸린 전봇대는
목을 조르며 덤벼드는 나팔꽃줄기의 목소리를 알아듣고
미동도 않고 서 있다
담장은 장가라도 들려는 모양인지 담장이로 새 옷을 차려 입는다
정수랑 결혼하려던 그 여자가 씀씀이가 너무 크다고 걱정했는데
약혼식을 하고 보니 본색을 드러냈다
50평짜리 아파트 안 사주면 결혼식을 없던 거로 하잔다
그래서 어떻게 됐는데?
그래서는 무슨 그래서야, 파토났지 뭐!
그 기가 막히는 말을 조용조용히 할 처형이 처지는 아니었지만
워낙 사안이 사안인지라 처형은 내 앞에서 아내와 귓속말을 해댄다
나는 모른 척 나와서 고운 담장을 바라본다
평생 유유배달로 늙은 큰동서는
연신 담배만 줄담배만 피워대고…

단추

사람의 첫 단추는 어디일까
출생일까
부모의 결합이 자신의 처음이 아닐까
학교의 졸업을 첫 관문이라 할 수 있을까
첫 직장일까
본인의 결혼일까

인생의 첫 단추는 내가 가고자 한 길을
처음 시작한 날이 아닐까
나는 글을 쓰며 살고자 꿈꾸어 왔으니
그 꿈이 있던 열다섯에 첫 단추를 꿴 것이 아닐까

아니다
나의 첫 단추는 지금이다
나는 지금부터
나로 말미암아 나를 아는 누구든 기뻐하며
누구든 해가 되지 아니하며
나로 하여금 그가 득 되게 도와주며 살리라
그리하여 늘 새로운 단추를 꿰리라
육(肉)과 영(靈)을 다하여

열쇠
778-8768
번호키

꽃눈

날이 꾸물꾸물
빈 은행나무 오돌오돌 떤다
우당탕퉁탕
양은세숫대야 모로 구르며 부딪는 소리

아버지 땔낭구 끄들이시며
순진아, 소 들여 매!
비설거지 않고
방구석에서 뭐하는 겨!

앵두꽃눈 흩날린다

낙조 · 2

시백(詩伯)과 시성(詩聖)이
아침부터 만나
무릉도원 도끼자루 썩는 줄 모른다더니
바둑 장기 마다하고
시도 읊지 않고
술만 잡수셨나봐.

목덜미 귀밑머리
온 몸 붉게 오르네.
딱 한 잔 더 마시러
우리 집으로 가세나, 하더니
등잔 들고 나온 초승달처자를 보자마자
못 이기는 듯 이끌려 집으로 든다

살바도르 달리의 도시

자전거를 타고 벽을 달린다 큰 탁상시계가 튀어나와 외친다 '네가 무슨 조폭이냐' 구부러져 흘러내리는 숟가락을 큰소리로 나무라던 시계는 해머에 정수리를 맞고 뇌진탕으로 쓰러져 바닥에 피처럼 엉겨 붙는 희고 노란 동전을 쏟아놓는다 얼마 전 까지 죽은 해소장이가 덮던 피가래 묻은 이불을 널던 담벼락에 아무 거리낌 없이 기대앉은 구두수선 박스에는 할머니 배꼽에 피어싱처럼 에어컨이 돌아가고 달리는 시내버스의 아니꼬운 눈으로 바라보는 빌딩들은 정신없이 전화를 해댄다 가끔 쇳소리를 내며 다리를 저는 전철은 가을 운동회에서 손님 찾기를 하며 달리는 사이에 음영은 아귀처럼 도시 풍경을 잡아먹고 있다

지금 안방에서는 '퀴즈1:100'이 사람의 넋을 빼앗고

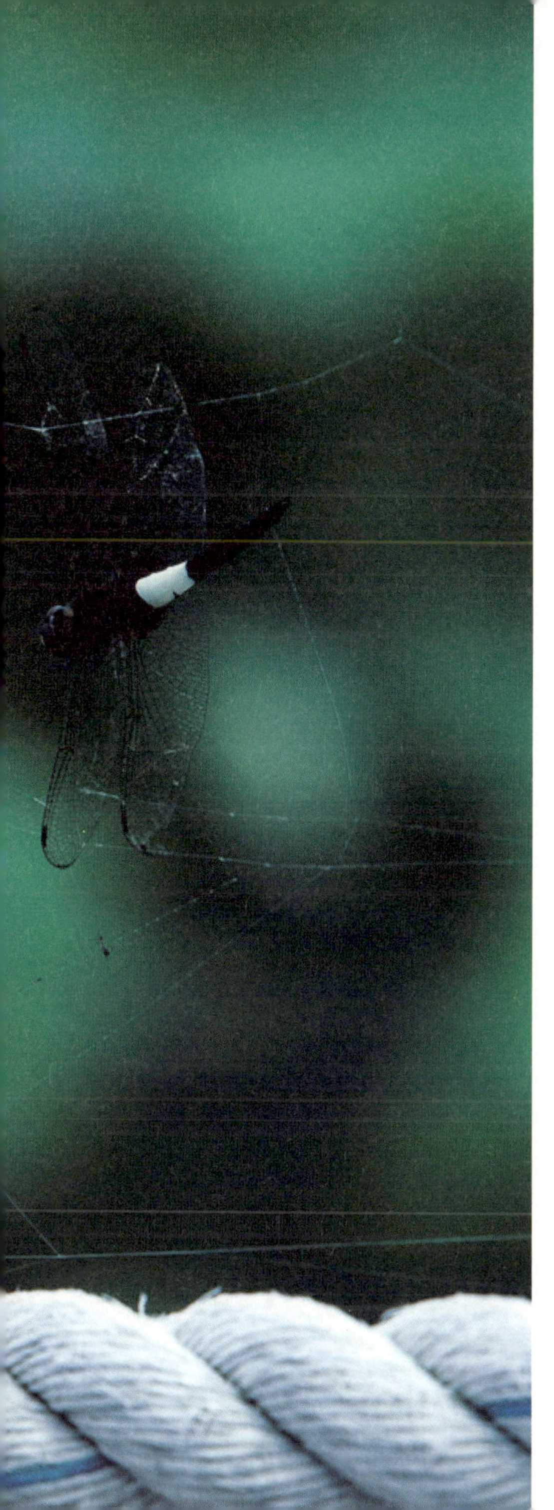

거미와 잠자리

거미가 처마 밑에다 집을 짓고 있었어요
그 곁을 날아가던 잠자리가 물었어요
거미아줌마 지금 뭐하시는 거예요
거미는 잠자리가 먹고 싶어 침을 꿀꺽 삼키면서도
속내를 드러내지 않고 태연한 듯 말했어요
응, 곧 우리 아이들이 태어날 거라서
그 아이들이 재미있게 놀라고 그넷줄을 매고 있단다
너도 한 번 타보지 않을래?
잠자리는 깜짝 놀라 간이 콩알만해졌지만
애써 태연하게 말했어요
우리 엄마는 그넷줄을 매지 않고도
공중에서 그네 타는 방법을 가르쳐주셨는걸요
태어날 아이들을 위해 만드시는 새 그네인데
제가 타서야 쓰나요.
잠자리는 거미집 근처를 날면서 약을 올리다가
날아가 버렸어요
거미는 하루 종일 집을 짓느라
고단하고 배가 고프지만 그만 어둠이 몰려와서
아무것도 먹지 못 채 그냥 자야 했어요

거미가 잠을 자러 들어간 줄 아는 잠자리는
마음 놓고 까불대다 그만 거미줄에 걸리고 말았죠

국화차를 마시며

내 시를 좋아하는 어느 독자가
국화차와 녹차 세트를 보내와
요즘 틈만 있으면 차 마시는 재미에 빠진다
녹차를 우리면 녹색으로 우러나고
국화차를 우리면 국화색으로 우러난다

나를 우리면 무슨 색으로 우러날까
장미처럼 붉어보지 못했으니 핏빛은 아닐 테고
청명한 가을하늘처럼 맑게 살아보지도 못했으니 하늘색도 아닐 테고
걸레처럼 세상을 깨끗이 닦지도 못했으니 구정물 색도 아닐 거고

그저 소망해본다
벌개미취처럼 짙은 보라색은 못되더라도
포천 구절초처럼 백색이었으면
소금간수 든 순두부물처럼 엷기라도 했으면

나는 가정용이다

해리슨 포드처럼 영업용이 아니기에
톰크르즈처럼 접대용으로 생기지도 못 했기에
아놀드 슈왈츠제네거처럼 랜트형도 안 되기에

나는야 가정용 용도변경 안 된단다
아이들은 내 정신을 파먹는 우렁이 새끼
바둑판 마주 보고 앉아 실랑이하면 어떠리

앞치마 좀 두른 들 누가 보며 또 어떠리
일요일은 아빠의 요리솜씨 자랑시간
떡볶이 피자치즈 얹어 내놓으면 환호성

청소기 좀 돌려주면 좋아하는 집사람
이불 빨래는 아빠가 밟아야 하얗단다
세탁된 빨래를 건조대에 널은 들 어떠리

손이 좀 투박하여 잔재비는 없어도
독서실간 딸 데리러 아빠가 가야하지
장롱을 옮길 때에는 내가 정말 필요하지

형광등 갈 때에도 내가 꼭 필요하지
못이라도 박으려면 나를 꼭 불러대지
나는야 용도변경을 원치 않는 가정용

싸래기눈 온 아침

어제 저녁
외양으로 소 들여 맬 때

이놈의 소 걸어가며
와달달 오줌 싸더니

쇠오줌 언 마당 위
싸래기눈 이쁘게도 내렸네.

보리밥 먹기 싫은데
퍼다 쌀 뒤주에 담아 둘까

감자 먹기 싫은데
백설기로 시루에 담아 찔까

아니야, 아버지 밥 잡숫고 나무 가셔야 하니
사기사발 쌀밥 한 사발 퍼드려야지

나의 시간

나의 시간은 일 할 때 가장 짧고 먹을 때 가장 길다
나의 과거는 짧고 미래는 길다
내가 걸어온 길은 보잘 것 없이 가깝고 가야할 길은 너무나 멀다
나는 옷을 입으려 태어났으나 옷 벗는 시간이 너무나 짧다
고로 나는 남에게 없이 여겨졌던 시간과 가난했던 시간에 대하 감사한다
처음 우리는 흙벽돌 무허가 집에서 행복을 구했고
지금 우리는 시멘트 허가 난 집에서 구차를 빌어먹으나
나는 무허가를 위해 인생을 좇고 허가 받은 사람들을 경계한다
지금 나는 지하를 점령한 몇 남지 않은 사람들 사이에서
보증금 오백만원에 월 삼십만원, 엄청난 갑부로 살고 있다
1이 되기까지 0.000000000000000……1을 향해 살고 있음을
나는 저수지에 비 내릴 때 알았네
오백만원이라니 저수지 오백만 개를 소유하거나
행성 오백만개를 소유한 것과 맞먹는 나의 부여
지금까지 나는 50년을 살았으나 결국 1초에 목숨을 부지하고 있었네
내 과거는 터무니없이 짧고 부질없었네
나는 과거라는 지구처럼 무거운 두 음절에 눌려 일어나지 못했네

이제 하루를 살아도 나는 길고 거룩하다
죽음을 무서워하기보다 볼 수 있음에 만질 수 있음에 마실 수 있음에 느낄 수 있음에
아들손자며느리 다 모여서 개굴개굴 노래할 무궁한 내 앞날
미래를 점친다는 건 백지장 뒷면을 알지 못함이지
그래서 우리는 허풍과 허망과 허용과 허세를 위해
목숨을 걸지, 오 가만히 있어도 배부른 시여

숲에서

그들은 말하지 않았다
대화란 입으로만 하는 게 아님을
그들은 몸으로 보여주었다
그들은 듣기만 하면서도 시시때때로 웃으며
서로의 말을 알아들었다
그들은 진리는 푸른 것이라고
몸으로 말한다
말하지 않고 듣는 자는 우리며
말해야 듣는 자는 타자인데
말하고 있을 때 지나치는 것이 세월이고
들고만 있을 때 세월도 동안거에 든다고
그들은 가르쳐주었다

괜찮아요

밥 먹었니, 괜찮아요
이것 좀 먹어봐라, 괜찮아요

부모 일찍 여의고 세차장에서 일하던
지능이 좀 모자라는 창호
모내기하는 날 놀러온 그에게
밥 먹으라 하면, 괜찮아요
하루 종일 심부름해주고 돈 주려 하면, 괜찮아요
모두 근심 걱정도 그에겐 모두 괜찮다
그때 나는 온통 개 같은 것뿐이었는데
그에겐 온통 괜찮은 것뿐이었다
힘들지 않니, 괜찮아요
춥지 않니, 괜찮아요

그를 못 본지 30여년
지금 어디에 살고 있니
나는 이제 괜찮아졌으니
너도 정말 괜찮았으면 좋겠다

낮달

그녀의 집 주위를 맴돌다
넋 나간 얼굴로 실없이 웃는다

부수수한 머리로 얼빠진 녀석이 되어
스토커처럼 따라 붙는다

임자 있는 몸이니
제발 잊어주세요

그녀는 정신 차리라며
제발 잊어달라지만

상심한 반쪽 얼굴로 그녀의 집 주위를 맴돌다
어두워지고서야 발길을 돌렸다

혹 그녀가 나올까
곁눈질하며 게걸음으로

똥무더기

1. 난지도

잘 살자는 이유로
서울은 과식했다

뼈도 안 바르고
마구마구 먹어치웠다

그러다 배탈이 나서
아무데나 갈겨댔다

2. 망우리 공동묘지

마소는 제주도로
사람은 서울로

속담만 믿고서
꾸역꾸역 모이더니

안방이 제 무덤 될 줄
어찌 그리 몰랐을까

창문

사람은 때로 닫혀진 창문 같다
말 못하고 속으로만 삭이다가
서도들 살낭하나가
그리움 안고 떠날 때

야, 내가 너의 창문이야
창문이란 말이야,
바보 같으니라고
제 창문, 돌파구인 줄도 모르고…

그렇게 목쉰 울음으로 하얀 고함을 치다가
이내 우지끈 진저리쳐 외로움 떨어내
돌이킬 수 없이 닫아버리고
미련의 길을 떠나는

물고기학교

물고기들도 저마다 학교에 다닌다
피라미는 초등학생
중태기는 중학생

고등어 너를 두고
밥상머리 젓가락 싸움 여전한 걸 보니
너는 식욕 왕성한 고등학생인 모양이다

남의 도시락 훔쳐 먹은 이면수 오징어를
다그치는 상급생 상어
정신이 오락가락하는 가물치
성적이 점점 더 떨어지는 낙지
너희들 대학 가서 대어되긴 다 틀렸다
미술 잘 그리는 가자미는
가자, 미대로

공부 않고 술 잘 먹던 녀석들은
고래 고래 소리 지르고

금산사에서

견훤의 눈물에 성석문 문지방 떠내려간다
잡념의 항아리 속을 말끔히 비워라
교만을 버드나무 잎에 띄우며 해탈교 건너니
당간지주 말 없는 깃발 나를 반긴다
보제루 포옹을 뒤로하고
별을 바른 천정 소나무 그린 벽
영겁의 뜨락에 발 딛으며 육각다층석탑을 휘감아
반짇고리 장구실패에 실 감듯
극락왕생 이불 꿰맬 준비를 한다
오층석탑 이끼는 천년 왼 염불의 허물
풍경 소리 산새 소리 진달래 꽃잎 속에 그리움을 감추는데
합장하고 조아리니 온갖 시름 사라지네
대적광전 향내음 동량에 배어
문틀에 조바심을 틀어박고 문설주에 근심을 꺼내 겁니다
석등에 마음의 불을 켜고 바라옵거니

나는 청맹과니다

널 보내고 돌아선 나는
눈에 뵈는 것이 없는 청맹과니다
낱잔으로 파는 선술집으로 들어가
주머니를 털어 테이블 위에 놓으며
이 깝냥만큼 주소
살피듬 좋은 아주머니에게 목을 취한 뒤
하릴없이 페인트 통에 불을 피우고
쪼그리고 앉아 난전을 친다
세상을 왜 그 따위로 사느냐는
너의 말이 고깝게 들렸으나
패잔병이 된 지금엔
귀에 딱지 앉아도 네 말이 옳다
겉으로는 멀쩡해 보이나
당신으로 인해 눈이 먼

삼부 엿

통소주
3.6ℓ
GREEN

친척 이야기

어제 내 양 옆자리는 어머니와 여동생이 앉아 있었고 오늘 내 양 옆자리에는 남동생과 조카가 앉아 있다 이리오세요 자리를 양보한 나는 종로3가역에서 할머니를 부축하고 계단을 올라간다 막노동이라도 해먹으려고 일찍 서울로 올라온 작은아버지와 사촌들이 앞서서 간다 갈아 탄 신설동행 1호선 열차, 100여명쯤 되는 친척들이 서로에 대하여 꿈속에서처럼 무심하다 아들과 사위, 시누와 올케는 각자 부모를 누가 모실 것인가에 대하여 덜컹거린다 이모와 삼촌과 당숙들은 저마다의 아이의 결혼과 며느리의 매정함에 대하여 자주 정차한다 이민 갔다 되돌아온 짙은 선글라스의 당고모는 내가 반딧불이를 한 병이나 잡아준 것을 까맣게 잊었는지 캘리포니아 자랑을 칸과 칸 사이 이음새처럼 늘어놓고 있다 삼당숙 어른이 처삼촌처럼 내 앞에 와서 섰다 이리 앉으세요, 나는 냉큼 자리를 양보해드리고 사돈의 팔촌처럼 서서 간다

지하철역에서 나와 풍물시장 쪽 사무실로 향해 걷는다 마사회와 풍물시장은 언제 사돈을 맺었는지 오가는 거리가 끈적하다 아버지를 꿰어 돈을 빌려간 외사촌 제수씨를 길에서 만났다 나는 노름공화국의 언어를 몰라 인사를 나누지 못하고 꺾기나라에 고맙습니다람쥐 안녕하십니까마귀 어서오세요들레이가 유행하듯 한심합니다람쥐 불쌍하면부처님 미쳤으니솔쳐 그런 외톨공화국 언어들을 혼잣말로 건네며 발걸음을 진행한다 수염을 기른 외할아버지께서 하얀 모시적삼을 입고 저만치 오신다 풍물시장에서 독거노인으로 살고 있는 숯다리미, 풍금, 나팔유성기와 친구란다 눈이 움푹 패인 외할아버지는 새들의 나라로 이사하신지 오래다 부엉이네집과 올빼미네집 근처에 사신다 꼭 한 번은 찾아가 뵈어야 할 것 같아 끼룩끼룩하고 여름 새의 언어로 인사드리곤 등잔불 심지를 돋운다거나 밥 먹는데 떠든다고 대나무 곰방대로 때릴까봐 나는 황급히 외할아버지를 피해 사무실로 들어왔다

일의 나라다 밥을 시켰는데 모두 일감으로 만들어져 있다 연변에서 노총각 동생에게 시집온 제수씨가 밥 배달을 왔다 파밭에서 김을 매다 파김치 된 엄마와 시금치밭에서 시금치를 묶다 시금치처럼 늘어진 처남의 댁이 함께 올라와 있다 보험세일을 전전하다 노래방을 때려 친 여동생이 만든 반찬이다 6.25때 실종된 큰아버지가 잡아 보낸 새우젓이 간간하다 그릇공장에 다니며 박봉에도 아이들 잘 기른 처형이 만든 민무늬 접시는 정말 처형만큼 예쁘다 뒷둔지에 심은 벼의 소출이 작년보다 절반이나 줄었다고 끌탕하신 아버지의 밥이 남의 논을 부치는 게 났지 종손의 논은 치사해서 못 부치겠다고 이십년 째 와글와글하다 공고 나와 포장회사에 들어간 동생이 만든 플라스틱에 병에 중학교만 나와 생수공장에 다니는 동생의 물을 마시곤 끄윽, 트림을 하고 소파에 기대 낮잠이 들었다 모두들 내 꿈을 열고 들어와서는

돌담장의 의미

작은 돌 모난 돌로 엉성한 담장을 쌓아놓고
시인이다 교수다 위선했습니다
제 구멍이 숭숭 뚫린 줄 모르고
남의 바람을 막아주는 척 했습니다
스스로 모나서 상처를 주는 줄 모르고
남의 상처를 치유하려 들었습니다
모난 주제에 예쁜 호박 하나 올리려 했습니다
붉은 장미 넝쿨 얹어보려 했습니다
아래에다 꽃을 심어 치장하려 했습니다
제 숭을 담장이넝쿨로 가리려 했습니다
담장이 있어야 꽃이 피는 것이 아니듯
담장으로 지킬 수 있는 것 또한 아무것도 없기에

이제 아는 사람들과의 사이에 쌓았던
견고한 마음의 담장을 허뭅니다

밤의 찬가(讚歌)

태양을 싣고 온 일력거가
서산 언덕배기 토담집에 머물고
세월의 채찍도
챌린저2호 우주왕복선도
별과 함께 졸고 있다 다만 저 한탄강물이
밤의 유혹을 돕기 위해 흐르고

죄악의 방황이 백주에 머물다가
땅거미가 질 무렵 고삐를 당겨
말 머리카락을 곱게 빗기어
마구간에 매고
굶주렸던 사념의 머리를 쳐들고
마부꾼이 방문을 들어선다

사랑으로 가는 길

김순진 작시 / 고영필 작곡

사랑으로 가는 길은
공원의 꽃길보다 아름다워요
사랑으로 가는 길은
어느 언덕을 올라가도 힘들지 않아요
사랑으로 가는 길은
어느 미로로 빠져들어도 두렵지 않아요
그렇기에 누구나
사랑으로 가는 길을 갈망합니다
사랑으로 가는 길은
어떤 사막을 걸어가도 목마르지 않아요
사랑으로 가는 길은
어떤 눈보라가 몰아쳐도 가슴 시리지 않아요
사랑으로 가는 길은
어떤 고난이 닥쳐와도 이겨낼 수 있지요
그렇기에 우리들은
사랑으로 가는 길을 갈망합니다

양 세기

잠을 잘 때 나는 평생 이를 갈며 살았다
어머니는 화장실에 갈 때 종이를 입에 물고 가라고 했다

숫자 4를 죽음의 수라며 4층을 F층으로 쓰는 사람들
빨간 펜으로 이름을 쓰면 죽게 되거나 안 좋은 일이 생긴다는 사람들
선풍기를 튼 채 방문을 닫고 자면 죽는다는 사람들
밤에 휘파람을 불면 귀신이 온다는 사람들
신발을 선물하면 헤어진다는 사람들
데이트로 덕수궁 돌담길을 걸으면 찢어진다는 사람들
나비나 나방을 만지고 눈을 만지면 실명하게 된다는 사람들
아기 위로 발을 넘기면 아기가 안 자라게 된다는 사람들
남편이나 남자친구에게 날개를 먹이면 바람이 난다는 사람들
그런 사람들을 보면 할 일이 없어 시간이 너무 많거나
잠을 너무 많이 자서 그런데도 잠이 오지 않는다는 사람들 같다

양 한 마리 양 두 마리 양 세 마리
코에 침을 바른다고 해서 발 저림이 풀리는 것이 아니다

목가적 풍경

나른한 오후, 긴 하품이 동에서 서로 걸려있다
잠시 쪽마루에 걸터앉은 해는
참나무 울타리에 걸린 강낭콩줄기처럼 시들하다
가끔 랩풍의 바람이 불면
장독대 옆 봇꽃은 본분을 알아차리고 먹을 친다
송아지는 몇 시간째 미동도 않고 껌을 씹고 있다
외양간 그늘엔 암탉들의 모래목욕이 한창이다
밤새 보초를 선 삽살이는 마루 밑에서 오침 중이다
하늘을 찌를 듯 칼을 갈던 삐삐기풀은 패장의 칼처럼 무디다
미루나무 한 그루 졸린 오후반 음악공부에 음표를 반짝거린다
앞에다 가방을 매단 자전거 한 대 지나간다
편지요, 허공에 대고 외치는 우체부 목소리에
놀라 깬 초목들 눈을 꿈뻑이더니 또다시 잠이 든다
다시 바람이 분다
울타리 밑 개박하향이 화하다

박살이 나도 좋을 청춘이여

박살이 나도 좋을 청춘이여!
몰려오는 먹구름에 대하여
무게를 안고 미동도 않는 바위처럼
우직함의 네 어깨에 세상의 멍에를 메고
커피 한 잔 곁들이며 고뇌를 풀고
보라! 네 할 일이 저기 무던히도 많으나
한겨울의 시련도 불타는 입김으로 녹이고
너와 나, 서로의 가슴을 부비며
성난 파도 뒤엔 끝없는 바다가 있나니
바위가 모래처럼 부서져도
모래엔 할 일이 있나니라

가라, 박살이 나도 좋을 청춘이여

달팽이

달은 팽이다
이울어 죽을 듯 죽을 듯 하다가도
도로 일어나 돈다
달팽이가 제 집을 찾아갈 때까지
달팽이가 달팽이관(觀)을 확립할 때까지
달은 팽이로 돈다
달이 서랍에 든 한 낮에도
달은 돌기 위해 주문을 외운다
나는 돌고 도는 쳇바퀴 같은 인생에
달팽이가 되어 달을 돈다
기어가는 것이 도는 것이란 학설은
코페르니쿠스도 갈릴레이 갈릴레오도 발견치 못햇다
달팽이는 스스로 껍데기를 말아올려 종횡으로 자전한다
달팽이더러 더 이상 돈다거나
어지럽다고 말하는 것은
서랍에 든 팽이와 채찍을 망각하는 처사다
달팽이는 스스로 채찍을 가하며 죽지 않는다
달과 팽이는 모두 사선으로 도는 팽이
나는 오늘도 삶의 사선을 돌고 있다

세월은 바람처럼

바람이 바람과 바람을 피우는 중이다 바람이 바람을 부추겨 서로 바람이 드는 중이다 바람이 바람이 찾아가는 중이다 바람이 바람에게 바람처럼 치근덕대는 중이다 정말 작은 바람이 큰 바람을 바람처럼 사랑하는 중이다 그러다 바람에게 따귀를 맞고 서로 으르렁 대며 바람처럼 끝내는 중이다 바람처럼 아무거나 먹는 중이다 바람처럼 밥을 차리는 중이다 바람처럼 물을 마시는 중이다 바람처럼 술을 마시는 중이다 바람처럼 떡을 먹는 중이다 바람처럼 알을 낳거나 바람처럼 애를 낳는 중이다 바람이 식인종으로 변해 제 새끼 바람을 먹어치우는 중이다 바람이 지나가는 바람을 붙잡고 시비를 거는 중이다 바람이 바람에게 삥을 뜯고 있는 중이다 바람이 바람처럼 공부하는 중이다 바람이 바람처럼 침묵하는 중이다 바람이 바람처럼 노는 중이다 바람이 바람처럼 떠드는 중이다 바람이 경찰처럼 바람을 취조하고 있는 중이다 바람이 바람을 법정에 세우는 중이다 바람이 바람을 묶어 호송중이다 바람이 바람을 가두는 중이다 바람이 바람의 형량을 감형해 달라고 애원중이다 바람이 바람의 형을 감해서는 안 된다며 탄원중이다 바람이 바람의 부정을 손으로 가리고 있는 중이다 바람이 바람의 부정을 고자질 중이다 바람이 바람에게 사형을 언도중이다 바람이 바람의 사형을 집행중이다 바람이 죽어 바람장례식을 하는 중이다 바람이 바람의 죽음을 애도하고 있는 중이다 바람이 바람을 파묻고 있는 중이다 또 다른 바람이 또 다른 바람을 살해중이다 바람이 바람의 죽음을 검증하고 있는 중이다 바람이 바람의 뼈를 발라 수습하고 있는 중이다

그러나 죽었던 바람이 되살아나고 있는 중이다
내 남자처럼 죽었다가 바람 같은 여자를 보고 다시 발기하고 있는 중이다

세상에서 가장 아름다운 꽃

나는 세상에서 꽃이 가장 아름다운 줄 알았습니다 그 꽃을 피우는 땅이 더 아름답다는 걸 안지는 그리 오래지 않습니다 그래서 세상에서 가장 아름다운 것은 땅인 줄 알았습니다 땅보다 그 땅을 경작하는 농부가 더 아름다운 것을 안지는 그리 오래지 않습니다 열심히 일한 뒤에 맺힌 땀방울은 어느 꽃보다도 어느 보석보다도 아름다웠습니다 그 농부보다 아름다운 것이 있다는 걸 안지는 그리 오래지 않습니다 그 농부에게 밥을 내다주는 그의 아내를 보고서야 이 세상에는 여인이 가장 아름답다는 걸 알았습니다 땀을 닦아주며 밥을 나누어 먹는 부부를 볼 때 세상에 저보다 아름다운 것이 있을까 생각했습니다

그러나 그 생각은 그리 오래가지 않았습니다 잠시 후 물주전자를 들고 따라왔던 딸아이가 논두렁에서 미끄러져 논에 빠졌을 때 두 부부는 밥숟가락을 내던지고 달려갔습니다 괜찮니? 조심하지 그랬어? 부부는 이구동성으로 말하며 아비는 아이를 안고 어미는 아이의 양말을 벗겨 발을 씻겨 줄 때, 나는 세상 어느 꽃보다도 예쁜 아이의 하얀 발을 보았습니다

세상에서 가장 아름다운 꽃은 자식이라는 꽃입니다

산과 우리

산은 우리에게 젖을 물리고
열매를 먹이며 어깨를 두드려 격려하지만

때로 산은 우리의 물병을 빼앗고
어깨를 누르며 어서 돌아가라 쫓기도 하지

산은 진실로 아낄 때 유순하며
함부로 대할 때 무섭게 화를 내지

오르는 것만이 등산은 아니지
등산은 무사히 빈손으로 돌아가는 것

산에게 받으려고만 한 우리가
산에게 무엇을 드렸던가

우리가 산에게 드릴 것은
오직 감사요 순응이다.

고향

재 넘어 하루갈이 밭 갈러 가는 날
어머니 이고 가는 새참 함지박엔
달래 김치 내음이 쑥 개떡 따라가고
무지개 기둥 터 광주리 펴면
고수레 받아먹은 뻐꾸기
풍년 든다 울고 간 뒤
버들치 시냇물 검정고무신 가득 퍼집어
황소 같은 잔등에 뿌리면
밀려오는 졸리움
능수버들 정자 밑
걷어 올린 종아리의 헐떡이는 핏줄
생산의 심벌 안식의 고향

떡갈잎 모자로 얼굴 가린
토종꿀 같은 낮잠 속
짝순이와 놀던 노적가리 꿈

사막

나는 사막에 살았다
문을 열면 사하라였고 문을 닫으면 고비였다
나의 혀는 전갈처럼 맹독을 지녀서
여러 사람을 즉사시켰다
나는 자주 모래바람을 일으켰다
나는 황량한 남자였고
가끔 사막여우가 다녀갔다
그러는 날이면 나는
백야 같은 밤을 보내야 했다
그러다가 나는 고비에 살았다
매 고비마다 나의 삶은 황량해져만 갔다
그러다가 달짝지근한 날이 올라치면
시시때때로 고비가 찾아왔다
나는 수도 없이 고비를 넘었으나 지금이 가장 고비다
삶이란 사막과 같아서 목이 마른 것은 당연한 것이다

회전문

나는 회전문이다
모두들 나를 쉽게 열어 재꼈다
나를 열고 들어온 사람들은 또 나를 쉽게 열고 나갔다
그때 나는 굳게 닫히고 싶었지만 닫히지 않았다
열일곱 살 때 사장한테 보너스를 받지 못했다며 편지를 썼을 때
공장장 부인은 배후가 누구냐며 캐물었다
혼자 쓴 편지라고 하니까
주둥아리 닥치라며 따귀를 올려붙였다
그때 나는 심히 닫혔었다
닫혀 살다보니까 나의 장식은 녹이 슬었고 미래는 불투명해졌다
그래서 모든 이에게 문호를 개방했지만
사람들은 나의 용도를 알아차리지 못하고 들락날락했다
나는 회전문을 꿈꾸었다
누구나 열면 버튼 없이도 열어지지만
온몸으로 밀고 들어오는 게 정답인 나는 회전문이다
그래서 나는 아무나 드난할 수 있는 도서관이 되었고 호텔이 되었다
나는 이제 정원의 꽃길로 나가는 회전문이다

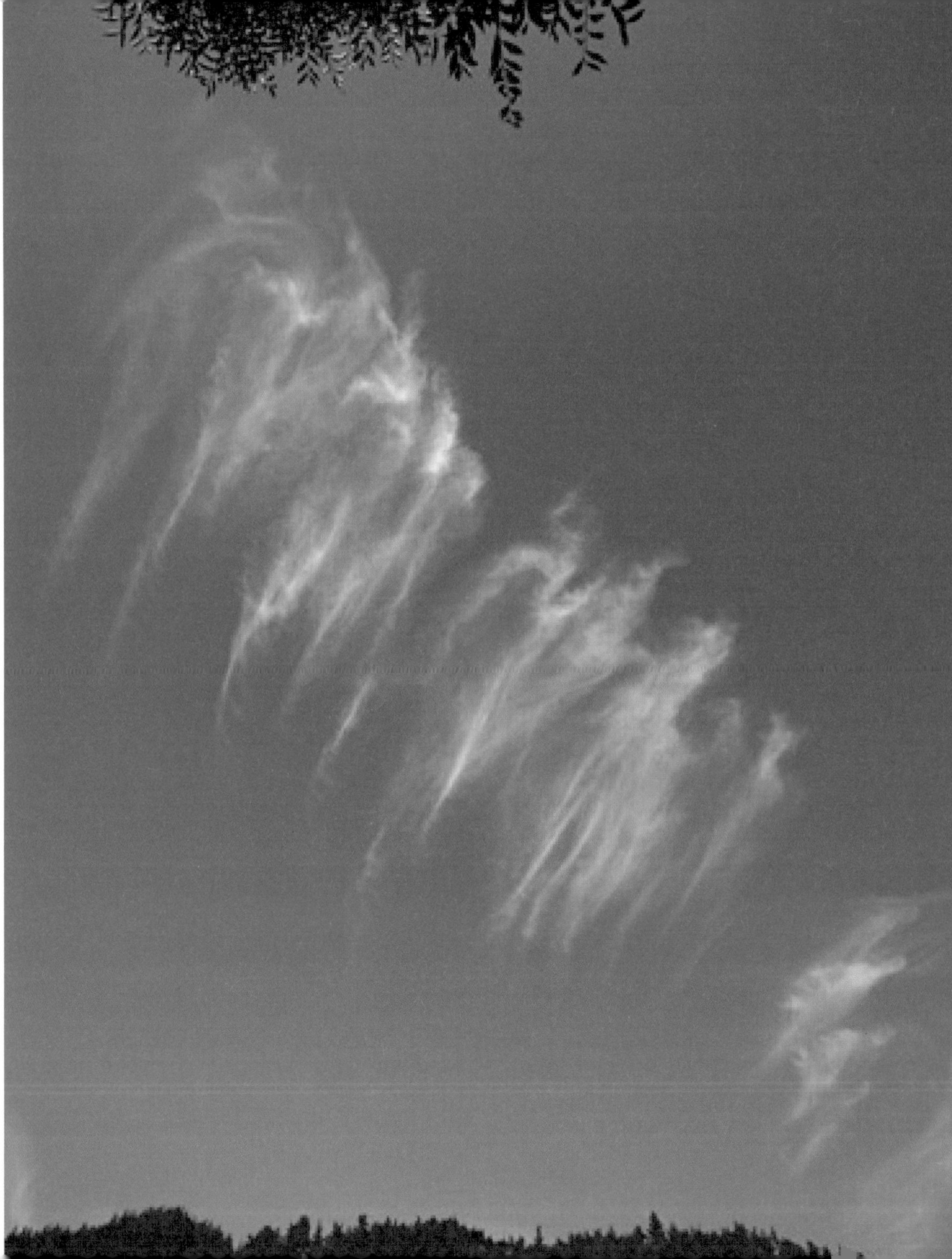

바람의 어록

통나무를 잘라 나이테를 본다
나무들의 귀는 우리의 말을 들으려 하지 않았다
꽃의 말이나 꽃 같은 말도 귀담아들으려 하지 않았다
이상하게도 그들의 귀는
스치는 말에 대하여 처절하게 밑줄을 그었다
거슬리는 말에 대하여 맹목적으로 순종했다
겨울의 말을 거울삼았다
허공에 흔들리는 귀들을 늘어놓고서
바람의 말을 열심히 경청했다
그가 귀를 접었던 그해 겨울
그는 바람의 어록을 책으로 출간할 것을 꿈꾸었다
그러나 그게 언제가 될 런지는 꿈같은 일이었다
그리고 그게 자서전이 될 줄은 정말 몰랐다
결국 그는 바람의 말을 안으로 새겨 넣었다
그는 바람의 아들이었던 것이다
나는 지금 나이테, 그 바람의 어록을 보며
나의 어록에 대하여 꿈꾼다

군 입대

아들이 군대에 갔다
내 아들이 제일 잘 났고 내 아들이 제일 씩씩한 것 같더니
연병장 안으로 들어가는 순간 내 아들이 제일 불쌍하게 느껴진다

엄마 없이 군대에 가던 나를 생각한다
각개전투 포복훈련 끝에
어머니 마음을 부르며 눈물짓던 그 순간이 떠오른다

연어 한 마리 모천을 떠나갔다
동해를 지나 캄차카반도를 거쳐
알래스카 해협까지 지느러미를 요동치며
역류해야만 하는 저 연어 한 마리

성어가 되어 회귀할 날을 고대한다

환전하다

은행잎 낙엽이 떨어져 마당을 다 뒤덮고 있다
여름내 받아온 햇살의 단면도를 펼쳐 놓고
겨울의 건축 설계를 궁리하고 있는 중이다
아직 줍지 않은 은행이 화석처럼 박혀 있고
몸을 비틀며 말라가고 있다
"궁글게 둥글게 둥글게 둥글게
빙글빙글 돌아가며 춤을 춥시다*"
달의 추억을 읽어 내리며
강강술래를 펼치고 있다
여름내 길어 올린 물방울들을
마법처럼 동전으로 환전하고 있다
나는 은행나무의 DNA를 채취해
시집 책갈피에 꽂으며 30년의 꿈을 환전한다

* 동요의 일부분

종소리

종은 모든 소리를 귀담아 듣는 큰 귀가 있다
새소리며 물소리 바람의 소리며 바위의 소리
사람의 소리며 짐승들의 소리
꽃이 피고 지는 소리까지 빠뜨리지 않고 듣는다
그리고 크나큰 감탄으로 한 마디 한다
뎅…

바람이 여린 나뭇가지를 부러뜨리고
포수에게 쫓긴 사슴처럼 부르르 떨며
문풍지 사이로 기어들며 울 때
종은 그 숨 가쁜 소리의 비밀을 발설하지 않는다
이 소리 저 소리 아우르며
그저 참았던 걱정을 흘리는 것이다

뎅…
그 한 마디로만

소의 죽음

새끼를 두 배나 낳은 소가 죽었다
아버지께 사인을 여쭈니 쇳도막을 먹었다고 했다
열흘 동안 물 한 모금 마시지 못하고 죽어갈 때
부르셀라 병이 감염될 수 있다며 피를 뽑아간 수의사들이 돌아오지 않은 채
홀로 먼 길을 떠나갔다
아깝다며 잡아먹자는 사람들과
병든 소를 먹으면 큰일이 난다는 사람들과
잡숫지 마세요, 허가 없이 도축하다 걸리면 큰 벌금을 내야 해요
으름장을 놓는 사람들 사이에서
아버지는 아내가 죽었을 때처럼 섧게 우셨다
결국 아버지는 속이 상해하시다 마을회관으로 육백*이나 치러 가시라 해놓고
동생과 나는 그 큰 소를 경운기에 실어 주라이산 언저리에 묻어주었다

그런데 그렇게 아끼던 소가 죽은 지 1년 만에
아버지가 하늘나라로 원정 육백을 치러 가신 것이다

* 노인들이 자주 하는 화투놀이

징검다리

어제 저는 세종대왕이 걸었던 디리를 건너있습니다
어진 길이 어디인지 모릅니다
오늘 저는 수양대군이 지다던 다리로 건너갑니다
사실 저는 폭군의 길도 잘 모릅니다
저는 아무런 사심 없이 대딛는 아가의 걸음으로
사실 목적지를 두고 싶지 않습니다
살다보니 자꾸만 목적지가 생깁니다
정처 없음의 정처 있음을 알 것 같습니다
지금 타일공 시다를 해주고 못 받은 품삯을 받으러 가는 중입니다
십장*은 건설업자에게 돈을 못 받았다며 나를 이리 저리 피합니다

휘발유통을 들고 그 업자의 집으로 찾아가고 싶은 심정입니다
허탕치고 돌아서는 발길이 무겁습니다
추석을 셀 중압감에 주저앉고 맙니다
저 징검다리가 도둑이 건너간 다리 같습니다
저 징검다리가 나를 세 달이나 일시키고 도망 다니는 그 십장 같습니다
아무 사심 없이 다리를 건넌다는 게 이리 힘든지는 몰랐습니다
굶고도 배부른 척 하는 건 정말 힘든 일입니다
누가 이번 추석 좀 건너가게 백만 원짜리 돈다발 하나 던져주었으면 좋겠습니다

* 건설현장에서의 중간 관리자

서쪽의 허구

서쪽은 날카로우니 동쪽으로 등반하라
기실 그것은 못 믿을 말이다
정동진에 가서 해를 본 적이 있지만
해는 동쪽에서 뜬다는 말도 못 믿을 말이다
나는 그곳 위치가 어디인지를 알아차리지 못한 채
해가 떠오르는 바다만 보았다
모든 나라는 동쪽을 지니고 있으나
서쪽도 더 먼 서쪽에서는 동쪽이다
서서울 서부터미널 서대전역 서광주 서인천
서서히 가다보면 서쪽도 동쪽이 된다
모든 이들은 자신이 힘없고 여리다 생각하지만
모든 이들은 자신이 지렁이를 밟아 죽일 수 있는
위대한 힘을 지닌 것에 대하여 간과한다
아무 것도 안 입고 사는 아마존 사람들에게 비하면
당신은 가난하다고 하지만 엄청난 갑부다
남극은 남쪽에 있다고 하더라도 남쪽이 아니며
서반아로 가는 길은 서쪽으로 향하지만은 않는다

계단 우체통

편지는 아무나 부치면 되는 줄 알았습니다
나에게는 왜 편지가 안 올까 생각도 했습니다

어릴 적 내가 보낸 편지에
답장편지 한 통을 받고 너무 기뻐서
싱그러운 마음을 쑥쑥 솟아올린
무밭 고랑으로 마구 뛰어다닌 적이 있습니다

편지도 계단이 있다는 걸 오늘에야 알았습니다
내가 먼저 설레는 마음을 그대에게 써 보낼 때
비로소 그대 마음이 내 마음 위로
한 계단 올라선다는 것을

두 사람의 마음이 주거니 받거니
서로의 계단을 형성할 때
마치 하늘을 오른 것처럼
기분이 좋아진다는 것을

어린이 신발 한 켤레

추석명절 끝 간밤에 술을 많이 마신지라
늦잠을 자고 일어나니 식구들은
신발이란 신발을 모두 끌고 삶의 바다로 나갔고
다섯 살짜리 조카의 신발 한 켤레가 보일러 기름통 위에 얹혀있다
발가락을 꿰며 다른 신발을 찾아보려 했지만
조카의 신발은 나를 밀어냈다
순간 몸이 기우뚱하며 한 발을 하늘로 쳐들던 나는
지난 50년 동안 진데 마른데 가리지 않고 밟아온 발바닥을 들여다본다
아주 잠깐 올바른 길로 걷겠노라 자처했으나
나는 빚쟁이의 길로 들어섰다가 불효의 길로 걸어야 했다

결국 詩란 사탕발림의 길로 인도한
엄지발가락의 강한 리더십에 순종한다

빛

날마다 아침이면 나는
밤새 후줄근하게 늘어진 그를 일으켜 세우고
팔에 꿰어 온종일 업고 다닌다
그를 손에 들기조차 귀찮아
그 밝은 얼굴을 대하기조차 버거워
가끔 그를 구겨서 가방에 넣고 빌딩으로 든다
그에게 머리와 팔과 휴대폰과 가방을 맡기고
그를 개처럼 이리저리 끌고 다녀도 그는 싫은 내색을 않는다
때로 나는 그를 깔고 앉거니
나를 따라온 그를 벽에 세워두고 나만 집으로 들 때도 있다
그렇지만 그는 죽정이인 나를 날마다 채워준다
그러나 날마다 채워지는 나는 날마다 죽정이가 된다
나는 그가 얼마나 감사한지 모르는 채
그 소중함을 남용한다
이제 그의 생은 겨우 오십억 년 남았고
나의 삶은 아직 삼십년이나 남았는데데
그 많은 사람들이 함부로 그를 대하다가 그가 사라질까 걱정이다

30%

해는 늘 당당하지만
30%의 행복을 모른다
우리는 어둠이 좋았다
빛이 30%만 들이오는 짚난가리 속에서
담배를 나누어 피던 청소년 시절을 돌이켜보면
어둠 속에서 이제 막 피어난 싹
그 30%의 가능성은 실로 꽃보다 더 밝은 희망이었다
달은 스스로 빛나지만 모든 어둠을 밝힐 수는 없다
내가 가진 물병에 30%가 채워졌거나
30%만 남았다고 할지라도
그것은 아직 물이 있다는 것이다
해는 너무나 밝아 만물을 관장하는 듯하지만
30%의 밝음을 지녀 어둠속에서 잉태를 꿈꾸는
달의 기쁨을 모른다
이제 내 인생은 30%정도밖에 남지 않은 셈이다
그러나 내 인생은 아직 써보지 않은 30%나 남은 셈이다
오늘도 나는 내 인생의 음영비율 30%를 바다에 깔고
나를 특수문자로 분류한다

이유 없음

제1내무반 전원이 고참으로부터 빠따를 맞고 있다
발단은 사병식당 식기세척장에서
화학대와 우리 본부대 간에 싸움에서 비롯되었다
식기당번이 식기를 세척하는 과정에서
쪽수가 많던 화학대가 우리 본부대 민문기 일병을 밀쳤다
화학대는 벌떼처럼 덤벼드는데
본부대는 내 일이 아니라며 모두 피해 민문기 일병이 얻어터져 코피가 났던 것이다
일명 함아구리라 불리는 왕고참 함문현의 화가 머리끝까지 났다
우리는 다 죽었다고 생각했다
너, 그 시간에 뭐했어?
넵, 상병 김흥기. 휴가 귀대 중이었습니다
뭐야 새끼야 동기가 남한테 매 맞는데 빨리 안 들어오고 뭘했어
엎드려 새끼야. 퍽 퍽
다음, 그 시간에 너는 뭐했어
넵. 일병 안성용 부관부에서 근무 중이었습니다.
무야 새끼야 고참이 남한테 매 맞는데 빨리 안 뛰어내려오고 뭘했어
엎드려 새끼야. 퍽 퍽
모든 이유는 이유가 되지 않았다

우선 전초전으로 침상 끝에 엎드려 돌아가며 쇠가 있는 야전삽으로 열 대씩 맞았다
매 맞은 동료들이 여기저기서 죽는 소리를 냈다
그런 동료는 덤으로 다섯 대를 더 맞았다
내 차례가 되었다
너, 그 시간에 뭐했어!
죄송합니다.
맞아! 그 정도는 돼야지! 너는 일어나!
아닙니다 저도 맞겠습니다
나는 자청해서 단 한 마디의 신음소리도 안 내고 열 대를 맞았다
그 후로 함아구리가 나를 이뻐했다
이뻐한다는 것은 결국 그의 군화를 닦거나 밥을 타다 주는 등
심부름을 도맡아 하는 것이었다

고참 좆으로 밤송이를 까라고 해도 까라면 까란 말이야
고참은 반합에 똥을 싸도 작전이다 알았나

나는 그날 이유 없음의 이유를 크게 배웠다
전역해서 나오니 사회생활이란 이유 없음의 이유의 연속이었던 것이다

그거 아세요

그거 아세요
그림자는 크고 작게 신축적으로 늘어나지만
누구를 우롱치 않으며 기죽지도 않는다는 거
그거 아세요
그림자는 얼굴이 없지만
화내지도 남의 말을 옮기지도 않는다는 거
그거 아세요
그림자는 화장을 하거나 향수를 뿌리지 않고
옷 한 벌로도 언제나 당당하다는 거
그거 아세요
그림자는 삿대질하면 똑같이 삿대질하고
포옹하면 포옹을 따라한다는 거
그거 아세요
그림자는 당신으로부터 비롯되었기에
평생 변치 않고 당신만 추종한다는 거
그거 아세요
그림자는 자신은 어둠을 지향하면서
당신을 늘 밝은 태양 아래 세운다는 거

가재, 혹은 손수건

종로3가역 전철에서 1호선으로 갈아타러 오르는 길목 계단에
가재손수건 하나 떨어져 있다
굳건하게 박힌 바위틈을 파고들려는
가재 한 바리를 기억한다
물이 폭포처럼 떨어져 내리고
큰 웅덩이가 생긴 바위틈 어디쯤에
개구리를 돌로 이겨 철사로 감은 가재 낚싯대
그 막대를 물 속 바위틈에 들이밀면 그걸 먹으려 꼭 찝고 있다가
번쩍 들어 올려도 금방 떨어지지 못하고 대롱대롱 매달려 오르던 가재를 기억한다
한 할머니의 눈물샘에 살다가
그 찬 샘을 떠나 밀물에 휩쓸렸을 가재 한 마리
늙어서 외로워서 서러워서 더욱 샘솟는 할머니의 눈
그 웅덩이에서 함께 살아가고 있는 가재손수건의 노고
한 마리의 가재손수건이
바윗덩어리 같은 세상을 천착하고 있다

기러기

언제부터인가
사람들은 기러기가 되어간다
중동으로 일떠난 철이 빠를 기다리는 철이 엄마는
가장 먼저 기러기 엄마가 되었고
미국으로 호주로 아이들의 유학을 보내고
많은 남자들이 기러기 아빠가 되었다
가족들의 그리움에 아빠들은 기러기목처럼 목을 빼고
소주를 마시며 끼룩끼룩 울었다
그래도 과오에서 떨어질 수 없어서
자신의 과오를 망각하고 싶어서
오로지 기러기로 사는 세상이 되었다

모가지에게

100ml 피로회복제를 마신다
모가지를 비틀자 개구리가 운다

지렛대로 바위를 흔들어
겨우내 잠자고 있는 개구리를 잡은 적이 있다
개구리는 울어볼 새 없이 자다가 잡혔고
새까맣게 알 가진 개구리를 맛있다고 먹은 적이 있다
겨울잠에서 막 깨어난 개구리를 잡으려고
저수지 둑에 불을 놓은 적이 있다
개구리는 울어볼 새 없이 달아나다 뻣뻣하게 구워졌고
나는 실버들가지에 죽은 개구리의 눈을 꿰기 바쁜 적이 있다

죽어가면서 우는 드링크 모가지에게 사과한다
개구리 잡아먹은 거 정말 잘못했다고

향적봉 등대에서

- 겨울 덕유산 등반기

1,000m가 넘는 거센 파고에서 윈드서핑을 마치고
마침내 등대 위로 올라갔을 때
해안은 주목과 조릿대군락으로 발달해있었다
가끔 갈매기들이 조난당한 영혼들을 먹어치우다
목이 메이는지 끼룩끼룩 울고 있었다
바람은 상어 떼,
자꾸만 물어뜯으려는지 귀가 얼얼하다
단 한 마리뿐인 독성 무뎌진 해파리
서쪽으로 아주 느리게 유영한다
산호초의 하얀 잎사귀들을 더욱 빛난다
수심 1,614m로 내려가는 곤돌라
윙윙 산호초들이 말을 걸어오고
용왕님은 시장하신지 사각사각 발자국을 먹어치운다
오래 정박하지 못하고 떠나가는 아쉬움
청어 떼가 줄지어 지나간다

나는 동종 물고기들과 지느러미로
안도와 술의 조류를 거스르고 있다

그냥 왔네요

보고 싶어 갔다가
그냥 왔네요
그녀의 집 대문 앞에서
오지게 기다리다가
그냥 왔네요
제 손만 만지작거리다
그냥 왔네요
바람이 바람을 안고와
바람을 만들어 바람처럼 가기에
따라가려다 그냥 왔네요
바람 따라 가다가
바람 맞을까봐
그냥 왔네요
그냥 멀리서라도 바라보며 살고파
그냥 왔네요

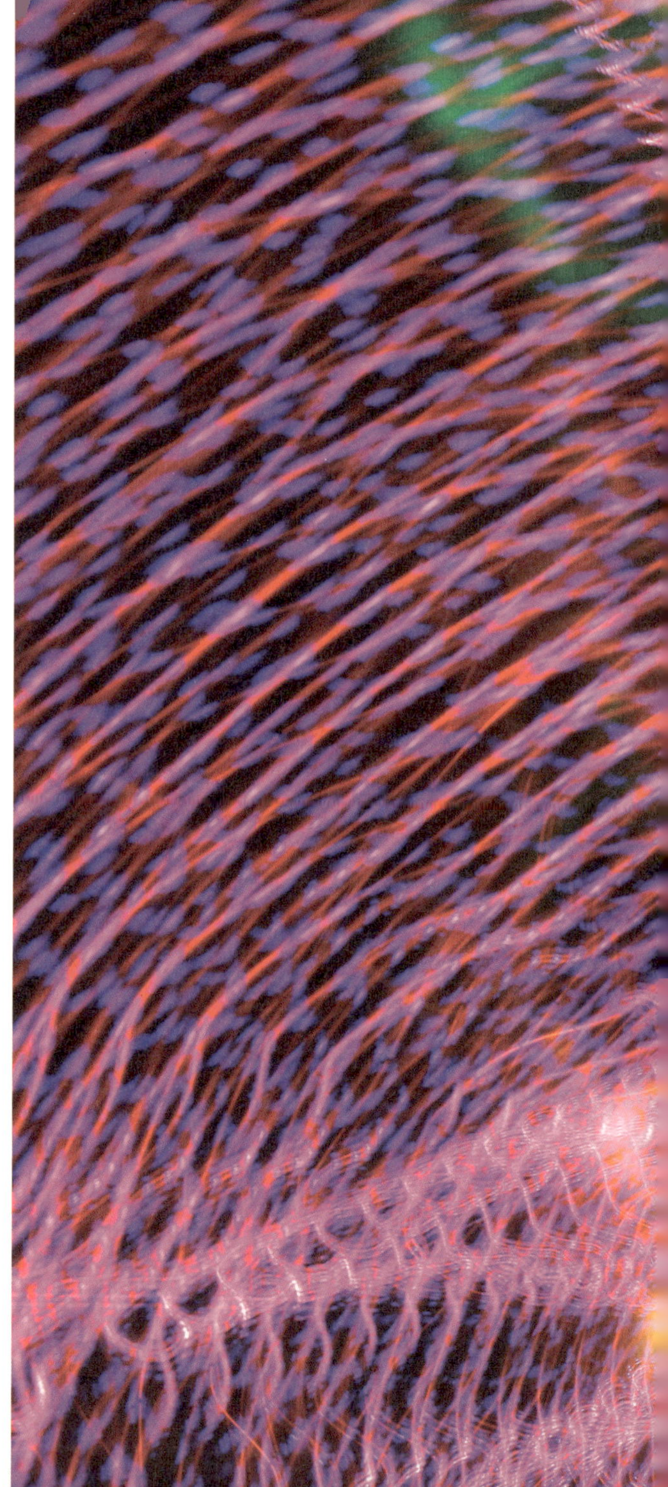

습지

사람들은 우포늪에 자주 간다
자연생태공원이라고 좋아한다
내게도 언제부턴가 사타구니에 습지가 생겼다
그런데 관광객 수가 현저히 줄었다
자꾸만 땀이 차고
꼬리꼬리한 냄새도 난다
정부에서는 습지 보전을 위해
갖은 노력을 강구하는데
나를 관리하는 거버먼트 여인은
생태계가 무너지거나 말거나 무관심이다
따지고 보면 주변의 환경개선을 위해 애쓴 내게
그러면 안 되는 것이다
내 습지에도 건기가 오면
웅장한 건물이 들어설지도 모른다
건기였다 우기였다 이젠 위기인 나의 습지
보존대책을 강구하기 위해
상류에다 술을 들어붓는다

숨은그림찾기

소주만병만주소 소주만병만주소 소주만병만주 소주만병만주소 소주만병만주소

멱감기 사방치기 구슬치기 딱지먹기 겨자먹기 제기차기 땅따먹기 말뚝박기 술래잡기

쑥부쟁이 매발톱 엉겅퀴 미나리아재비 구절초 개망초 할미밀빵 고주망태 꿩에다리

필통 가위 풀 트라이앵글 지우개 실내화 삼각자 색연필 칠판 크레파스 캐스터네츠

강호동 이승엽 장미란 김연아 박찬호 최경주 박지성 미셸위 박세리 박태환

대구 명태 가물치 오징어 꽃게 고등어 소라 해삼 고래 멍게 문어 말미잘 아지 도루묵

노루뿔 개뿔 쥐뿔 고뿔 소뿔 코끼리뿔 토끼뿔 염소뿔 양뿔 고양이뿔 엉덩이뿔

노무현 이명박 박정희 최규하 전두환 박근혜 노태우 김종필 김영삼 이승만 김대중

절편 인절미 수수팥떡 꿀떡 시루떡 새알신 찹쌀떡 백설기 무지개떡 송편 부꾸미

사과 배 참외 포도 수박 토마토 귤 바나나 파인애플 딸기 망고 무화과

촛불 촛불 촛불 촛불 촛불 촛불 촛불 촛불 촛불 촛불 촛불 좃불 촛불 촛불 촛불

화강암 현무암 사암 퇴적암 역암 연암 이암 변성암 편마암

수수 팥 조 콩 귀리 옥수수 쌀 땅콩 보리 피 기장 녹두동부 강낭콩

감자에싹이났다 잎이났다묵찌빠 감자에싹이났다입이났다묵지빠 감자에싹이났다잎이났다묵찌빠

원숭이똥구멍은빨개 빨갛면사과 사과는맛있어 맛있으면바바나 바나나는굵어 길으면기차 기차는 빨라 빠르면비행기 비행기는높아 높으면백두산

쇠고기 닭고기 개고기 말고기 고래고기 토끼고기 양고기 돼지고기 염소고기

개새끼 씹새끼 좆새끼 죽일새끼 더러운새끼 배아파난새끼 치사한새끼 나쁜새끼 도둑놈의새끼

축구공 럭비공 배구공 농구공 정구공 탁구공 테니스공 절구공 골프공 야구공,
소주만병만주소 소주만병만주소 소주만병만주소 소주만병만주소 소주한병만주소

아, 몽夢마르다

느낌표

절굿공이만 오르내린다 해서
낟알이 되는 것은 아니지
방아를 자주 찧는다고 모두 부자는 아니지
찧지마 찧는 척 하지 마
발등을 찧을 때마다
따라다니는 관념의 죽정이
푸성귀만으로 입맛을 살려봐
바람으로 배를 채워봐
방아 찧는 일은
먹을 게 얼마 남지 않았다는 말

보리방아 찧으시는 어머니의 절굿공이
이놈의 느낌표는 언제나 밑줄 될까했는데
밑줄 되어서 나를 돌보시네

안부

형광등이 눈을 깜빡거리며 뜨네 수고를 받쳐주던 침대는 휴식을 떠밀어내네 급경사를 달리던 안경이 어둠의 속도를 좌절시키네 나처럼 독수공방한 화장실 문을 여네 빛들이 달려들어 움츠린 냄새들의 얼굴을 매만지네 옹달샘은 군말 없이 하루치 근심을 먹어치우네 바다가 잘 있다며 신호를 보내오네 풀리며 춤추는 화장지는 가난해질수록 경쾌하네 맑은 생각으로 채워진 정수기가 생기를 쏟아내네 은박지에서 사면된 혈압약 한 알이 자유를 품고 펴지네

얘들아 열대어가 새끼 낳나 봐, 아이들을 깨우네 계란 세 알을 깨뜨려 넣네 프라이팬이 온돌방 좋아하는 아내처럼 지글대네 냉장고의 묵은 김치냄새가 서양식 인사를 건네네 앉은뱅이밥상 다리가 어둠을 딛고 오금을 펴네 플라스틱 구금에서 풀려난 반찬들이 두부를 먹네 잘 하고 와, 아이들을 챙겨 보내네 널린 신문과 옷가지를 주섬주섬 줍네 밤샘한 아내가 떼꾼한 눈으로 퇴근해 들어오네

아내의 아침은 밖으로 갇히고 나의 아침은 안으로 갇히네

포물선의 즐거움

야, 누가 멀리 나가나 시합할래?
번데기 자라 오디 세 녀석들이
도랑둑에 주욱 서서 엉덩이를 내리까더니
배를 앞으로 내밀며 오줌을 갈깁니다
포물선을 그으며 떨어지는 오줌발
포물선그래프는 금방 지워졌지만
도랑물은 연신 즐겁다 춤추며 흘러갑니다

오십을 목전에 두고 생각합니다
굵었던 상승곡선을 지나
하강곡선으로 가늘게 부서지는
내 인생의 오줌발이지만
벌거벗은 몸으로도
포물선이 즐거울 수 있도록
시원한 배출을 꿈꿉니다

달팽이택시

달팽이 택시가 달리고 있습니다
시속 5m, 어찌나 빨리 달리는지 구름이 휙휙 지나갑니다
나뭇잎도 여러 장 휘날립니다
영업시간은 풋고추 붉어지는 시간과 같습니다
민달팽이도 용달영업을 위해 도로에 나왔습니다
안테나를 두 개나 세운 네비게이션이 고장났는지
택시가 자꾸만 같은 동네를 뱅돕니다
도로를 뜯어먹고 앞으로 나아가는 택시
달팽이 택시는 도로가 주유소입니다
배추 위를 달리는 택시에 탄 잠자리 한 마리
멀미를 하는지 눈동자가 뱅뱅돕니다

장화홍련전

장화와 운동화가 한 형제이듯이
장화와 홍련은 형제다
지금까지는 장화는 계모의 딸
홍련이는 본처의 딸이었지만
이젠 우리 모두의 딸
세상 모든 딸들은 사랑받아야만 한다

장화는 홍련이의 미모를 인정하고
홍련이도 장화의 개성을 인정할 때
뽀송뽀송한 마음의 길을 갈 수 있다

비가 오면 장화
눈이 와도 장화
장화가 최고야
아냐 아냐 홍련이가 최고야

홍련이는 그렇게 고백하지 않았지만
장화는 여전히 우리의 필요한 딸이다

르네 마그리트의 숲

숲으로 간다
파란 하늘 위에
컵이 구름 아이스트림을 담고 있는
숲으로 간다
꾀꼬리들이 꾀꼴꾀꼴 소리전구를 켜고
발 아래 전류 흐르는 소리가 들린다
개복숭아 알전구가 우윳빛 불을 밝히고 있다
하늘을 찌를 듯 몰려선 잣나무댐
저마다 발전기를 가동하느라 녹색으로 과열되어 있다
그곳에선 태양도 맥을 못 추고 시동을 꺼뜨린다

숲을 간다
나는 감전되어 두 손을 치켜들면서
이 야 호, 비명을 지른다
앗 따가워, 쐐기가 팔뚝을 스치자
녹색전류에 감전된 팔뚝이 금방 부풀어 오르며 쓰리다
군데군데 전류가 방전된 나무 등걸이 나뒹굴고
단단한 바위들은 기다림을 충전 중이다

벚나무 땀흘리다

어릴 적 수학여행을 보내달라고
아버지에게 떼를 쓴 적이 있다
화전민 아버지는
어려운 살림에 어쩔 줄 모르고
진땀을 흘리셨다

벚나무, 땀을 뻘뻘 흘리고 있다
봄철 수학여행을 가는
빚꽃 사식들
용돈을 챙겨주느라
진땀이 나는 모양이다

꼬리論

허공에 대고 셔터를 누릅니다 파아란 단색으로만 나올 것이라는 생각은 보기 좋게 무너지고 말았습니다 디카를 열어보니 잠자리의 꼬리 하나가 가장자리에 찍혀있습니다 잠자리 꼬리는 파란 부채의 손잡이였습니다 잠자리가 그 큰 부채를 흔들어 바람을 일으키고 있었던 겁니다 사람의 영역을 벗어나려고 자주 푸드덕거리던 그의 날개는 이제 나의 날개가 되었습니다 나두 빈 날개를 푸드덕거리면 잠자리의 하늘을 날 수 있다는 생각을 합니다

잠자리의 하늘은 내 하늘보다 넓습니다 나는 비행기를 타고 날아가 봤기 때문에 하늘이 넓다는 막연한 생각과 떨어질 수도 있다는 생각으로 내 하늘이 가득 차 있지만 잠자리의 하늘은 한 번 떨어져보거나 못 날아간 가을을 알지 못합니다 그래서 잠자리는 잠자리에 들 때까지 날개로 하늘을 걷습니다 마치 내가 하루 종일 땅 위를 걷는 것처럼 말이에요

카메라에 잡힌 잠자리 꼬리가 내 꼬리인가 생각해보았습니다 나는 애초에 꼬리 감춘 여우였습니다 갖가지 교태와 허상 속에서 진화를 거듭해 없어진 내 꼬리는 때로 쥐꼬리만한 봉급봉투로 나타나기도 하고 아이 선생님께 드릴 촌지로 나타나기도 합니다만 나는 그간 잠자리꼬리를 달고 여우짓을 했던 겁니다 때문에 하늘을 마음껏 날고 싶은 욕망은 여지없이 무너졌고 이산실이나 고자질을 주업으로 삼았었지요 그러다보니 내 눈은 잠자리눈망울처럼 불쑥 튀어나왔습니다

엉덩이의 꼬리뼈가 가렵습니다 하루 종일 의자에 앉아서 말꼬리를 붙잡고 늘어지다 보니 내 꼬리가 뭉퉁 잘려나가고 말았습니다 꼬리에 꼬리 무는 생각을 가지고 사무실이란 꼬리를 떼고 퇴근이란 꼬리를 물어봅니다 꼬리에 꼬리를 무는 지하철에서 나와 꼬리에 꼬리를 무는 차량들 틈에 버스로 환승했습니다 꼬리들은 서로 꼬이거나 풀리면서 거대한 꼬리로 진화합니다 세상 모든 것은 진화합니다 구름은 아주 빨리 진화해서 자신이 무엇인지 모릅니다 뭉게구름이었다가 새털구름이었다가 먹구름이었다가 비가 되거나 제 존재를 잃어버린 청명한 날이 되기도 하지요 나도 그럴 것 같습니다 아들이었다가 남자였다가 아빠였다가 할아버지로 진화해가는 것 말고도 촌닭이었다가 고양이였다가 멍에를 멘 소였다가 이젠 도시의 밤을 헤매는 너구리입니다

방문을 덜 닫고 들어갔더니 아내가 말합니다 이젠 제법 바람이 차요, 그 꼬리 좀 떼고 들어와요 지엄하신 말씀이지만, 그냥 꼬리를 붙인 채 살렵니다 내 꼬리가 얼마나 많은데 그 많은 꼬리를 떼겠어요

사진 100컷과 시 100편의 만난 종합예술의 결정판

박살이 나도 좋을 청춘이여

초판인쇄일 2015년 5월 29일
초판발행일 2015년 6월 5일

지은이 : 백운수, 김순진

발행인 : 김순진
편집장 : 전하라
디자인 : 김초롱
펴낸곳 : 문학공원
등 록 : 2004년 3월 9일 제6-706호
주 소 : (우편번호 130-814)서울 동대문구 난계로 26길 17호
삼우빌딩 C동 302호 스토리문학사
전 화 : 02-2234-1666
팩 스 : 02-2236-1666
홈페이지 : http://cafe.daum.net/yob51
이메일 : 4615562@hanmail.net

※ 책값은 뒤표지에 있습니다.